業績爆上げコンサルタントの
ノウハウを全公開

営業のPDCA大全

新

藤本篤志 Atsushi Fujimoto

ダイヤモンド社

まえがき　PDCAがうまく機能しない理由

みなさんはデミング賞をご存じでしょうか？

日本に統計的品質管理の理論を教えたウイリアム・デミング（William Edwards Deming）博士の業績を記念して、日本科学技術連盟が1951年に創設した賞です。TQM（Total Quality Management：総合品質管理）の進歩に功績のあった民間の団体および個人に授与されており、トヨタ自動車、日本電気、日本製鉄、小松製作所など、錚々《そうそう》たる顔ぶれの企業が受賞しています。

実は、デミング賞とPDCAには深いつながりがあります。PDCAの原型となる理論も、デミング博士が日本に持ち込んだものなのです。日本人はこの理論を製造工程管理の中で巧みに活用し、PDCAとしてまとめました。意外に知られていないのですが、PDCAそのものは日本が発祥なのです。

PDCAは製造工程の品質管理理論の中から誕生した考え方なので、営業のために考えられたものではありません。どの会社の営業部もPDCAをうまく運用できないのは、この成り立ちに原因の一つがあるかもしれません。

ＰＤＣＡの考え方そのものは単純明快で、誰にでも理解しやすい**魅力的な理論**です。その証拠に、製造工程管理から始まったにもかかわらず、ＰＤＣＡを取り入れたことのない会社は皆無ではないかと思われるほど、いまではあらゆる組織に普及しています。

私が営業コンサルティング事業に従事するようになってから、17年以上が経ちます。営業は属人的な仕事で、ノウハウの共有が難しいとよく言われますが、そのようなことはありません。地道に努力と工夫を重ねていけば、**スーパー営業社員がいなくても、ノウハウを共有し、強い営業組織を作ることは可能です。**実際にそれを実践してきました。

ＰＤＣＡの運用も同じです。ＰＤＣＡの考え方を正しく理解し、理論に従って地道に運用すれば、これほど有用なものはありません。ところが、ＰＤＣＡをうまく運用できていない営業部が巷《ちまた》に溢《あふ》れています。そもそもＰＤＣＡの考え方が、営業という仕事には合わないのではないか、という声もよく聞きます。

営業部がＰＤＣＡをうまく運用できない理由は、少なくとも三つあります。

一）Ｐ、Ｄ、Ｃ、Ａ、それぞれの役割、つながりを間違って理解している
二）Ｐの多様性、重要性に気づいていない
三）Ｄ、Ｃ、Ａが機能せず、毎年同じミスを繰り返している

私が何を言おうとしているのか、これだけではわかりづらいかもしれませんが、本書を読んだ後にもう一度、この三つの理由を振り返ってみてください。特に、スタートのＰからつまずいていることを念頭に置きながら読み進めてください。「たしかにそのとおりだ」とうなずくはずです。そうなれば、ＰＤＣＡをうまく運用する方法を、間違いなく手中に収めていると言ってよいでしょう。

繰り返しますが、営業部がＰＤＣＡをうまく運用できないのは、営業関係者に落ち度があるからではなく、営業のためにＰＤＣＡをわかりやすく説明する理論がなかったからです。

私は、長年のコンサルティング経験で培ったノウハウのすべてを本書に注ぎ込みました。ＰＤＣＡの考え方を営業のために具体的に定義しなおし、その運用方法もわかりやすく整理しました。特に、**Ｇという新しい概念**を加えたことと**ＰＤＣＡの**役割に業績強化だけではなく**能力強化という画期的な切り口**を加えたことで、ＰＤ

CAを一段と使い勝手の良いものにグレードアップできたと考えています。
だからこそ、本書のタイトルは、「営業の〝新〟PDCA大全」なのです。

藤本篤志

2021年8月

営業の新PDCA大全　目次

Ｐの章
ＰＤＣＡの成否を決定づけるＰ

Dの章 将来の成長への道標

Cの章 PDCA運用の鍵を握る

Aの章 目標達成の最後の砦

もう一つのGの章 能力強化もPDCAで

付録

Iの章 PDCA以外の重要な営業知識

Gの章　新しい概念G

Pの章　PDCAの成否を決定づけるP

Dの章　将来の成長への道標

Cの章　PDCA運用の鍵を握る

Aの章　目標達成の最後の砦

業績強化PDCA

もう一つのGの章　能力強化もPDCAで

付録　Iの章　PDCA以外の重要な営業知識

能力強化PDCA

PDCAを活かすGという発想

スタートでつまずくと、何事もうまくいきません。PDCAも同じです。PDCAがうまく回らない最大の原因は、スタートのつまずきにあります。

面白いことに、つまずき方は、どの会社も奇妙なほど同じです。Pで設定する計画が、**年間○○目標額△△△円の達成**となっているのです。たとえば、**年間売上目標額10億円の達成**という感じです。会社によって、売上目標ではなく、利益目標、受注件数目標が掲げられるという違いはありますが、発想はどれも同じです。

「事前に設定した年間売上目標額を達成することが我々の計画（P）だ」と言われると、「それもそうだ」と思いがちですが、Pをこの設定でスタートしてしまうと、次のDは、「年間売上目標額達成のために、何をどう頑張るか」とならざるを得ません。

「取引先を重要度別に分類して、重要度の高い順に頻度高く商談する」「難易度の高い商談をクロージングするときは、上司を連れていく」などがその代表例です。「当社のDはもっと具体的だぞ」という会社でも、「各営業チームが具体的に行動目標を決めて、最低週1回以上、営業会議で確認する」という類《たぐ》いが大半です。PD

ＣＡに関する営業関係の本の何冊かに目を通しましたが、「自分を売り込むように創意工夫をする」「お客様の悩み・不安を丁寧に聞くことから始める」といった営業活動がＤだと書かれていました。たしかに、英語の**DO**を表現したものに違いありませんが、ＰＤＣＡが意味するＤではありません。これではＰＤＣＡの運用がうまくいくはずもありません。

すべては、Ｐでのつまずきが招く失敗なのです。Ｐで具体的に書くべき**活動計画**がズレて、Ｄで設定されているのが実態です。

営業コンサルティング現場の実践の中で、いろいろと試行錯誤を繰り返しました。その結果、たどり着いた結論が、**Gという新しい概念**の必要性でした。

別刷り綴じ込みの**営業の新ＰＤＣＡ大全・ロードマップ**（以下、折込ロードマップ

業績強化PDCA

Goal		
業績目標達成		
1　売上目標	□率　□額	□自力　□社力
2　利益目標	□率　□額	□自力　□社力
3　受注件数目標	□率　□件数	□自力　□社力
4　ポイント目標	□率　□P数	□自力　□社力
5　自社独自目標	□率　□数	□自力　□社力
※達成基準は率・量の二者択一、二者両立、どちらも可		
※自力概念は能力評価の重要指標		
※すべての目標を設定する必要は無い		

と略記します）の「業績強化PDCA」を見てください。営業のための新PDCAを構築するにあたり最も工夫したのが、この**Gの概念**を取り入れたことです。GはGoalの頭文字です。このGの概念は、私が考え出した――と言いたいところですが、大学時代に勉強したディベートやディスカッションの手法にヒントを得ています。どのような意見を論じようと、常に**Goal**を意識してロジックを組み立てる、という手法です。

Gは、Pで考えてしまいがちな目標達成を移設する概念として使います。こうすることでPでは、Gを達成するために、何をどうすればよいか、という具体的な**実行計画**を丁寧に策定することが可能になります。

これが新PDCAの特徴の一つです。

折込ロードマップのGに記載している五つの目標には、営業部で一般的に使われているものを列挙しています（図1参照）。これらの目標、および目標のあり方については、いまさら説明するまでもないでしょうが、重要だと思えるポイントを本章で補足します。参考にしながら読み進めてください。

また、Gは一つに絞る必要はありません。たとえば、これらの目標すべてが自社には適していると思えるなら、五つとも目標に設定してよいのです。もちろん、二

図1

主なGOAL設定項目

売上	達成率・目標額	(自力・社力別)
利益	達成率・目標額	(自力・社力別)
受注件数	達成率・目標件数	(自力・社力別)
ポイント	達成率・目標P数	(自力・社力別)
自社独自	達成率・目標数	(自力・社力別)

つ、三つに絞ってもかまいません。

PDCAをうまく運用するためのGのあり方は、P、D、C、Aのすべてに影響するので、慎重に、かつ大胆に決めるようにしてください。従来の慣習にとらわれたり、前例主義に陥ったりすると、何も変えることができなくなるので、要注意です。

自力、社力という考え方が営業社員を成長させる

私が強くお薦めしたいのは、折込ロードマップに記載しているように、売上げを**自力**と**社力**に分けて目標設定を行うことです。

自力とは、自らの営業活動で新規に開拓した取引先のセールス成績、および過去に自力開拓した取引先からのリピートセールス成績が対象となります。ただし、自力開拓のセールス成績であっても、一定の年数（3〜5年が多い）が経てば、たとえ開拓者が担当していても社力に計上するのが一般的です。

社力とは、聞き慣れない言葉かもしれませんが、自力ではないものすべてです。つまり、新規開拓のセールス成績であっても、会社、上司、他の社員から振り分けられた成績、および担当として割り当てられた既存取引先からのリピートセールス

成績が対象となります。ただし、直近で一定年数（2〜3年が多い）以上の取引がない既存取引先に対し、再アタックをかけて取引を復活させた場合には、自力に計上することがよくあります（自力、社力の区分方法についてはコラムで詳述しています。参考にしてください）。

営業は結果が数字ではっきりとわかる仕事ですが、その数字をもたらしたプロセスが見えにくい仕事でもあります。極端なことを言えば、日々動き回って新規顧客を追いかけている営業社員よりも、デスクにいるだけで打ち出の小槌のようにリピートセールス成績が加算される営業社員のほうが、成績が良く評価も高いという、理不尽なことも起きやすいのです。

そこで、本当に能力が高く、良い評価に値する営業社員を客観的に選び出すことができるように工夫したのが、成績の内訳を自力と社力に区分するアイデアです。

人事評価体系と成績の自力・社力区分がリンクすれば、それが営業社員へのメッセージとなり、より高い評価を得たいと考える意欲のある社員は、社力成績を確保することだけに満足せず、自力成績の開拓にも積極的にチャレンジするようになります。正しい評価体系が組織を活性化するだけでなく、次世代の営業マネジャーを本当の実力者から選ぶことが可能になります。

コラムA

自力と社力をどのように区分すればよいか、もっと詳しく

自力と社力という概念は、ＰＤＣＡをうまく運用するうえでとても重要なので、本文と重なる部分もありますが、コラムで詳しく説明します。

営業の評価における最大の盲点は、「この受注による売上げは、あなたが営業しなければ実現できなかったのか、誰が営業しても同じだったのか」ということがわかりづらいことです。前者であれば、その営業部員を高く評価すべきですし、後者であれば、「取りこぼさなかった」ぐらいの評価にとどめるべきです。ただし、ここからがややこしいのですが、誰が営業してもリピート受注できるルートセールス取引先への営業活動であっても、同業他社と受注を分け合っていた状態を、努力の末自社の独占状態にした場合と、ただ待っているだけの受注に甘え、シェア拡大の努力をしていない場合とでは、営業部員の能力価値は大きく変わります。もちろん、営業社員が自分の活動を誇張して報告していればわからないのですが、そうした虚偽報告は、１対１ＣＡＴと同行・同席商談によってかなり防ぐことができます（Ｐの章で詳述）。

明確に区分できない境界線があるにしても、自力成績と社力成績を可能な限りシ

自力、社力区分一覧

	条件	自力	社力	備考
1	**初取引の新規受注**	○	×	アポ入れから自力開拓
2	**初取引の新規受注**	△	×	受注先からのTEL、MAIL、NET等問い合わせきっかけ 上司、会社等紹介きっかけ
3	**初取引の新規受注**	×	○	受注先からのTEL、MAIL、NET等即注文きっかけ 上司、会社等受注分の振分案件
4	**自力開拓取引先のリピート受注**	○	×	取引開始3年（～5年）以内
5	**自力開拓取引先のリピート受注**	×	○	取引開始3年（～5年）以降
6	**振分担当取引先のリピート受注**	×	○	振分とは自力開拓先でないという意味
7	**振分担当取引先のリピート受注**	△	×	同業他社と受注を分け合っている状態で当社シェアを2倍以上にした場合、自力開拓取引先と同等の扱い
8	**振分担当取引先のリピート受注**	○	×	同業他社と受注を分け合っている状態で当社独占受注にした場合、自力開拓取引先と同等の扱い
9	**振分担当取引先の再開受注**	○	×	2年（～3年）以上取引実績ゼロ
10	（会社独自の条件）			

※△＝事情に応じて評価係数を低く変化させることで調整
※（～○年）表記は、会社の事情に合わせて裁量判断する幅

ンプルに区分し、ＰＤＣＡや能力評価に役立てることを強くお薦めします。

区分方法は、文章だけではわかりづらいところもあるので、シンプルな一覧表にまとめました。これに、会社独自の条件を加えれば完成です。

７の備考欄に書かれている「2倍以上」について、補足説明をします。たとえば、担当を引き継いだ時点の平均シェアが25％であれば、50％以上（6か月以上の経過観察は必要）にしたら自力評価に変わるということです（ただし、△としての低減係数を掛け合わせる）。

当初は面倒くさそうだなと感じるでしょうが、この効果は抜群です。ぜひとも、導入してください。

営業能力と評価が一致していないことが招く不幸

営業コンサルティング活動を長年続ける中で、いろいろな「？」に遭遇しました。その中でも特筆すべきは、部下に的確な商談アドバイスができない営業マネジャーが数多くいたことです。その人たちのプレイヤー時代の成績を確認すると、ほとんどが良い成績です。社力成績に甘んじていた人を営業マネジャーにすることが招く典型的な人選ミスです。

商談能力の乏しい人が営業マネジャーになることほど、不幸なことはありません。商談の取り組み方を指導できないので、必然的に部下に対し「目標未達成をどうやって解消するのだ！」と結果管理だけを行い、商談プロセスを修正できないマネジャーになるからです。

誤解がないように言うと、社力案件は商談能力の向上にまったく役立たない、というわけではありません。既存顧客のリピートセールス成績も、すべてが簡単に計上できるものばかりではありません。継続取引に必要な能力が求められ、それが磨かれることもあります。

重要なのは能力のバランスです。営業マネジャーとして部下を指導するのであれば、新規開拓からクロージングまでの一連の自力能力を磨いておくことが必要です。その能力がなければ、営業の花形ステージである商談のあらゆる取り組みを、部下に指導することができないおそれが大きくなるからです。

自力と社力の区分は、営業の本質を明らかにします。また、Pの策定にも影響を及ぼします。ぜひ参考にしてください。

目標の細分化には意味がある

Gの設定項目（19ページ図1参照）に、売上目標、利益目標、受注件数目標、ポイント目標等、異なる切り口の目標を併記しているのは、自力、社力以外の目標の細分化にも意味があるからです。営業活動の価値は、単純に売上（利益）額だけでは判断できません。たとえば、1件で多額な受注を行った売上げと、少額の受注を複数、地道に積み重ねた売上げが同額だったとして、どちらが優れている内容かは一概に判断できません。

一般的には、多額な受注は「ハイリスク／ハイリターン」の典型例です。一方、少額を積み重ねた受注は「ローリスク／ローリターン」の典型例です。扱う製品やサービスで、どちらの受注に価値があるのかは変わってきます。また、**いまが少額受注でも、2、3年後に多額受注**の取引先になっているかもしれません。そのような企業の複数と契約したということは、結果論にはなりますが、中長期計画の観点からは、会社に相当大きな売上げ、利益をもたらす受注だと言えます。結局は、会社がどういうバランスで営業人材を育てたいのか、ということに帰結するのです。

そのためにも、目標設定では複数の指標をうまく組み合わせることが重要になります。どの指標に向いた人材を育てたいのか、どの部分をいま以上に磨けば総合力に秀でた人材が育つのかということをわかりやすくすべきです。

また、目標となる指標が複数あることは、営業社員のモチベーション・アップにも寄与します。指標が多ければ、「担当先の規模を勘案すると、売上額目標では上位10位以内は難しいが、売上達成率目標、受注件数目標では10位以内を狙えるぞ」という具合に、評価される項目が多くなるからです。

利益目標の注意点

利益目標を重視し、売上目標を指標として設定していない営業部をよく見かけます。たしかに利益目標は、会社にいくら儲けさせたかの指標なので、とても重要です。しかし、うまく運用しなければ諸刃の剣になりかねない厄介な指標だということが、コンサルティングの経験上わかっています。

少なくとも、二つのデメリットがあります。

一つは、1件でも受注を増やして売上げを伸ばす努力よりも、小手先の原価低減に注力し、減収増益という結果を招きやすい、という点です。減収は、同業他社につけ入る隙を与えるリスクを示唆しています。長い目で見れば、同業他社を育てる結果となり、会社の成長にブレーキをかけるおそれがあります。

もう一つは、少しでも利益計算を複雑にすると、営業社員の成績換算計算が複雑になり、目標管理が面倒になります。「これを受注すれば目標達成だ」とわかりやすければ火事場の馬鹿力が出る商談シーンでも、「これを受注すれば目標達成かもしれない」では、その推進力が半減してもおかしくありません。

私はサラリーマン時代、受注形態が少し複雑になってきた現状を鑑みて、「受注件数のカウント方式を、売上額に応じて小数点表示にし、差を付けてはいかがでしょうか？」と社長に提案したことがあります。それに対して社長は、「目標設定はシンプルでわかりやすくすることが大切で、業績拡大に大きく影響する。これは1・3件か？　0・9件か？　と計算が複雑になってすぐに判断できなければ、目標達成の実感が出づらくなるだけだ」と教えてくれたのです。当時は、「会社を成功させた人の考えだから、その判断を信じたほうがよさそうだな」くらいの感覚でしたが、いま営業コンサルタントとして数多くの営業部の実態を分析するようになって、その含蓄の深さを実感しています。

以上、二つの理由から、利益目標のみを重視する方針よりも、売上目標との併記型をお薦めします。そのほかに、受注件数目標、ポイント目標、自社独自目標等をうまく併用することで、営業社員の活躍の場を**いっぱい用意する**ことがコツです。

受注件数目標達成をGとすることの利点

あらゆる営業部に利点があるとは言えませんが、営業商材が単一で、かつ受注単価の幅が小さい営業部の場合は、受注件数を目標にする利点は明らかに多いと言えます。

第一に、カウントしやすいことです。そして、ほかの営業社員との比較がしやすいことです。売上単価が低く、薄利になりがちな取引先を担当している営業社員にとっては、「受注件数ランキングだけは誰にも負けないぞ！」とモチベーション・アップにつなげられます。

第二に、数字がシンプルなので、大判模造紙に書いたマス目グラフをオフィスの壁に掲示しやすく、営業進捗状況を可視化、共有化しやすくなります（売上、利益でも可能ですが、整数グラフの見やすさの比ではありません）。「パソコンで管理可能だし、いまどきグラフはダサい」という声をよく聞きますが、パソコンによる成績管理では盛り上がりません。当事者以外はほぼ見ませんし、当事者ですら徐々に見なくなります。これは理屈ではなく、人間の本質です。ダサいと言われればそうかもしれませんが、大判グラフの効果は抜群です。一考の価値ありです。

第三に、さきほど書きましたが、取引社数を増やすことにつながりやすいことです。取引社数の増加は、市場シェアに反映されやすいので、意外に重要な指標です。

第四に、活動プロセス計画を組みやすいことが挙げられます。取引先によって売上額が異なる場合、売上額から逆算して実行プロセス計画を組むのは至難のわざとなります。そのため、年間目標未達成の可能性が大きくなってくると、冷静な判断力を失い、高額受注一発狙いに頼るようになります。ところが現実には、高額受注になるほど受注確率が低くなり、少額受注の積み上げもできずに大幅未達成の最悪の事態を招くのがオチです。そんな現場を数多く見てきました。

そんなときに受注件数指標があると、逆算ができます（図2参照）。たとえば、ある営業社員は、平均受注単価をベースにすると、月間受注件数が4件以上で目標達成ラインとします。商談受注（商談案件の中から受注すること）確率10％、アタック案件化（アタックをして継続商談ができる状態にすること）確率5％、平均営業日数20日として計算すると、1日平均40件以上のアタックで目標達成が射程内になる、と逆算

図2

受注件数指標の考え方

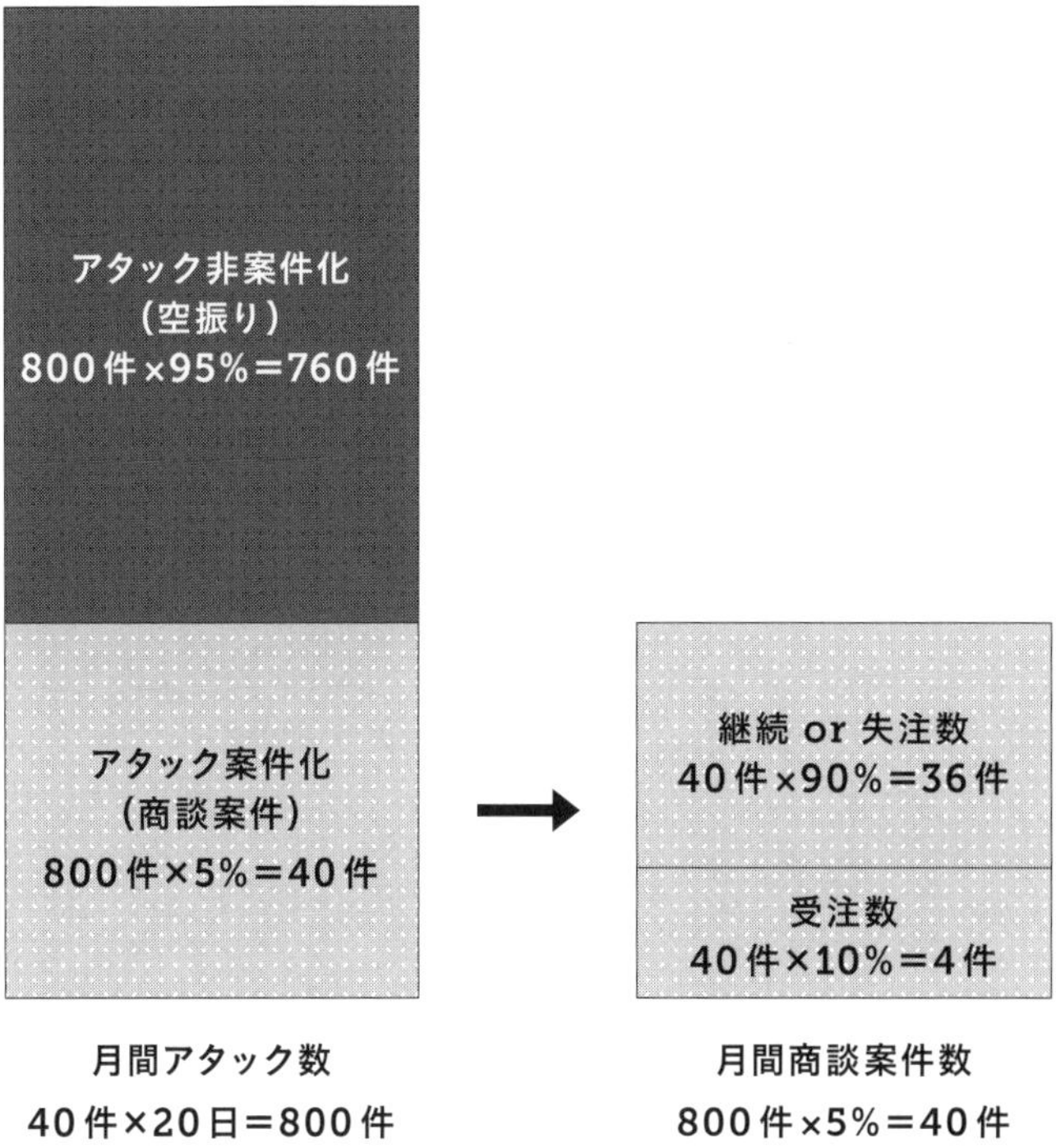

できます。あとは、日によって平均を下回るプロセス結果が出るたびに、翌日のアタック件数を増やすなどの微調整を繰り返せば、より達成確率を上げることができるようになります。

ポイント目標

ポイント目標とは、営業成績をポイント換算し、ポイントの合計を成績とする指標です。採用している営業部はまだ少数ですが、このところ増える傾向にあります。扱う商材が多く、単価、利益率、受注の困難さ等がそれぞれ異なっているような営業部の場合、営業社員の総合成績ランキングをうまく出せずに困ることが多いのですが、その悩みを解消する手段の一つとして、ポイント目標を活用できます。

ただし、「なぜ、あの営業社員に自分が負けているのか」ということが、ポイントでは納得しづらい、という問題が生じます。売上、利益、件数のように、自分たちが日々目にしている営業成績の数値ではないので、実感が湧かないのも仕方ありません。

したがって、ポイント目標を単独目標として用いることはお薦めしませんが、複数設定する指標の一つとして用いるのであれば、使い勝手のよいものになります。

独自のユニークな目標設定も必要

繰り返しになりますが、営業部のGとしての目標設定においては、複数の項目をぜひ用意してください。営業社員を複眼的に評価することで、スポットライトを多くの人に当てることが可能になり、モチベーション・アップ、正確な人材評価につながるからです。特に、売上目標を自力と社力に区分する方式はお薦めです。二つの指標を持つことで商談能力の高い営業社員を正しく評価できるようになり、組織の活性化につながります。

さらに、可能な限り複数の目標の中に、自社独自のユニークな目標を掲げることをお薦めします。これが折込ロードマップ「業績強化ＰＤＣＡ」の五つ目の自社独自目標です。

その理由は、会社が注力したい方向性を全社員に示すことができるからです。たとえば、今年新商品が出るとするなら、新商品のみの売上（利益、受注件数等）目標達成をGに加えることで、抜群の推進力を担保することが可能になります。

もし、そのような目標をGで設定しなければ、社力成績に安住している営業社員は、ルートセールスの既存取引先に対し、新商品の告知ぐらいはするでしょうが、それ以上のアプローチをかけるかどうかわかりません。しかし、新商品のみの売上額ランキングが発表されるとなると、既存取引先でも受注すればカウント対象になるので、積極的に商談する意欲の起爆剤になりえます。

このように、単一目標だけではわからない箇所にスポットライトを当てることで、**営業社員をいろいろな角度から評価**できるようになり、その結果、業績向上にもつながります。

なお、ユニークな目標設定は、常に同じものである必要はありません。毎年変えるのも一計です。年々、その年に注力する商品やテーマにスポットライトを当てる

業績強化PDCA

Goal		
業績目標達成		
1 売上目標	□率 □額	□自力 □社力
2 利益目標	□率 □額	□自力 □社力
3 受注件数目標	□率 □件数	□自力 □社力
4 ポイント目標	□率 □P数	□自力 □社力
5 自社独自目標	□率 □数	□自力 □社力
※達成基準は率・量の二者択一、二者両立、どちらも可		
※自力概念は能力評価の重要指標		
※すべての目標を設定する必要は無い		

ことになるので、マネジメントにおいても前例主義に陥ることなく、活性化も図りやすくなるでしょう。

Gの概念は、みなさんが想像する以上に使い勝手のよい概念です。

業績強化PDCA

能力強化PDCA

Pの章

すべての答えはPにある

折込ロードマップ「業績強化ＰＤＣＡ」のＰを見てください。期中追加計画まで含めて11ある項目の一つ一つに丁寧に目を通せばわかりますが、ここまで具体的に実行計画を策定する営業部は、ほとんどありません。

Ｇの章でも書きましたが、私のコンサルティング経験では、「Ｐで具体的な実行計画を策定する」ということを認識している営業部はありませんでした。そのため、ＤがＰの役割を担うことになり、Ｄの甘さ、緩さにつながっていました。

また、Ｐで実行計画を策定していた営業部でも、ほとんどは項目が商談件数とアタック件数のみ、というのが実態です。商談時間を実行計画として策定している営業部は、皆無だと思われます。

「まえがき」で、ＰＤＣＡがうまく運用されな

Plan
実行計画策定
〈重要三大計画〉
1 商談フライト時間
2 1対1 CAT時間
3 同行・同席商談時間
〈その他計画〉
4 商談件数／5 アポ件数／6 アタック件数
7 商材別・レイヤー別商談比率
8 時季商材商談比率／9 フルロープレ量
10 その他独自実行計画／11 期中追加計画

い理由の一つとして、「Pの多様性、重要性に気づいていない」ことを挙げましたが、これを改めることがPDCA運用への最大の突破口になります。

言うまでもなく、P→D→C→Aの流れは密接に関連しあっています。Pで具体的な実行計画を緻密に策定することによって、日次、週次、月次、季節次等のDの動きが明確になります。その意味は大きく、GとPの関連づけに間違いがなければ（Pで策定したことをDで実行すれば、Gの達成が確実になるということ。それだけPの役割は重大）、あとは個々の営業社員が、計画どおりに行動するようにマネジメントする、というステージに移ることになります。

営業部がPDCAを完璧に運用できれば、それは営業の本質をつかみ取ったに等しいことになります。Pは営業のすべての縮図だと考えてください。何をすべきか。何が必要か。Pにすべての答えがあります。

最大の発見は、商談時間の重要性を見つけたこと

私の営業コンサルティング手法には特徴があります。営業改革の前半は、**質より量**を重要視することです。コンサルティングを依頼してくるクライアントは、たい

てい一度や二度は、営業改革に失敗しています。しかも、その原因が、わかりやすいほど同じなのです。質の強化から手をつけているからです。後で詳述しますが、質の強化から手をつけると、100回営業改革に挑戦したとしても、ほぼ失敗に終わります。それに気づいたことが、私のコンサルティング手法の特徴を決定づけました。私の指導ステップを忠実に実行した会社の営業改革が確実に成功するようになったのは、**量**に価値を見出したからです。

量は、PDCAの運用にも良い影響を与えます。Pの基本は、まさしく**量**そのものだからです。これから、PDCAの運用で最も重要なことについて伝えます。一般認識との違いにほとんどの人が驚くと思いますが、本書を読み進めるに従って、理解が深まっていくはずです。

Pで策定する最も重要な実行計画は、商談件数ではなく、**商談時間**が中心になります。

そう言い切れる理由は、二つあります。

一つは、コンサルティング経験の裏付けです。2005年に営業コンサルティング事業を始めた当初から、私は商談時間の重要性を熟知していました。私の処女作『御社の営業がダメな理由』（新潮新書）においても、商談時間の重要性を強調しています。それは、サラリーマン時代の成功体験でわかっていたことです。

個人の経験上わかっていたことを、コンサルタントとして多くの営業部とかかわる中で、一般的に通用する事実としてはっきりと認識しました。商談件数目標を達成し続けても営業改革の成功は担保されませんが、商談時間目標を達成し続けると、確実に営業改革成功のステップを踏むことができます。また、人材の成長レベルも大きく違いました。

もう一つは、いま言った人材育成が理由です。結論を先に言うと、商談時間はそのまま、人を育てるうえでの練習時間になるからです。スポーツの世界では、うまくなるために練習量を増やすのが常識ですが、営業の世界では、練習時間の重要性にほとんどの人が気づいていません。

営業の主な練習の場は、商談の現場です。したがって商談時間は、そのまま練習時間としてカウントされ、人材育成の重要なバロメータになります。

以上のことから、Pで策定する最も重要な実行計画は、商談時間を決めることになります。

商談フライト時間240分のインパクト

私は、営業関係者全員に商談時間を最も重要な概念として認識してもらうために、**商談フライト時間**と名付けました。フライト時間という言葉は、飛行機の飛行時間を意味します。なぜ、そこから命名したかというと、パイロットの国家資格のあり方に着目したからです。

パイロットは、国家資格を取得しなければ正操縦士として働くことができません。国家資格を取得するための条件にはいろいろありますが、総飛行時間が1500時間以上であることが明確に義務付けられています。ここがポイントです。センスが良いから、人物が良いから、という抽象的な理由で合格することはありません。この事実は、とても大切なことを示唆しています。人の命を預かる職業だからこそ、練習の絶対量を最低条件に設定する、という考え方です。

私は、営業も同じだと考えます。パイロットのように人の命を直接預かっているわけではありませんが、会社の売上げ、利益は営業の働きに大きく左右され、社員は会社から支給される給料で生活している人がほとんどです。そう考えると、**営業は社員の人生を預かっている**、と言ってもあながち過言ではありません。だから**営**

業社員たちは、センス、人間関係、運といった抽象的な物差しで、自分の実力を過信してはいけません。商談時間という確かな練習時間の積み重ねで、その能力を磨く責務がある、と悟るべきです。

以上のことから、私は商談時間という言い方ではなく、**商談フライト時間**という言葉を使って、その重要性を強く意識するようにしています。

コンサルティング経験で明確にわかったことは、Pにおける商談時間の策定では、**1日平均240分以上**を基本とするということです。業種、業態は関係ありません。商談相手が個人か法人かも関係ありません。日々作成しなくてはならない社内書類が多すぎて、240分以上の商談時間を確保できない、という会社がよくあります。この場合、商談を仕事とする営業社員に対して、過重なデスクワークをさせる会社が間違っていると考えるべきです。

1万時間というマジックナンバー

営業コンサルティング事業を始めた頃から、営業社員が一人前になるためには1万時間以上の商談時間、つまり練習時間が必要であると言い続けてきました。ある日、クライアントの社長から、『天才！　成功する人々の法則』（マルコム・グラッドウェル著／講談社）という世界的なベストセラーがあり、同じことを主張していると教えていただきました。その本には、「いろいろな分野で秀でている人は、全員がマジックナンバーを共有している。そのマジックナンバーとは、1万時間だ」と書かれていました。モーツァルトやビートルズまでもが研究対象となっていますが、みな1万時間以上の練習を積み重ねているというのです。同じ1万時間でも、歴史に名を刻む人々とは質のレベルがまるで異なるとは思いますが、それが営業の分野でも一人前になるための目安であることに変わりはありません。

私が1万時間という重要な指標を導き出したのは、シンプルな理屈からです。コンサルティングの経験上、営業社員が一人前になるまでには10年から20年以上かかることがわかっていました。1年の営業稼働日数を２５０日、1日の平均商談時間を２４０分、つまり4時間とすると、ちょうど10年で1万時間の計算になります。また、商談時間２４０分は、1日の活動時間としては、意識して取り組まない限り達成できない時間です。かなり頑張っている営業社員でも、一人前になるには早くて10年かかるという感覚的理解とピッタリ符合します。

現実には、半分以上の営業社員の商談時間は、1日平均１２０分未満です。したがって一人前になるには、20年以上かかる計算になります。

なお、商談相手が個人、法人にかかわらず、商談時間の営業部平均が２６０分を超えることはほとんどありません。したがって、２４０分から２６０分の商談時間が、Ｐとして意識すべき練習量の物理的な幅ということになります。

最近は、Ｚｏｏｍ等を使ったリモート商談が活発になってきており、移動時間が減るぶん、商談に熱心な営業社員個人が３００分を超えるケースも出ています。今後のデータの蓄積を待たなければなりませんが、練習量の幅が変わるかもしれないので、参考まで書いておきます。

商談件数のみのPは避けるべき

１件の商談時間が60分平均の営業社員が、２４０分以上の商談フライト時間を確保しようと思えば、１日４件以上の商談を行う必要があります。30分平均なら１日8件以上となります。

商談フライト時間がＰの実行計画として設定されているのであれば、商談件数も併せて設定してもかまいませんが、商談件数のみをＰの実行計画に設定することは避けてください。4件の目標を達成したとしても合計120分しか商談していないという事態を招くことがよくあるからです。これでは練習不足があきらかで、一人前になるのに20年以上かかってしまいます。能力強化に大きく影響があるのは、何件商談したかではなく、何分商談の練習をしたかです。能力は練習量に比例するからです。これが、商談件数のみを目標にすることのデメリットです。

お薦めしたいのは、商談フライト時間と商談件数のカップリングです。新たな発見を伴い、現実的なメリットが得られるからです。たとえば、商談フライト時間240分以上、商談件数4件以上の両方をクリアしていても売上目標が未達成の場合には、あることに注目できます。それは商談能力です。1日4件の商談では売上目標に届かない商談能力（受注率）だ、ということです。過去の受注率から逆算して、1日平均の商談件数が6件必要だとわかれば、商談時間を40分平均でこなす必要がある、と判断できます。しかし、単に40分に短縮すれば良いという単純なことではありません。40分で60分と同等以上の商談ができるように作戦を立てる必要があります。このようなことが明確にわかることが重要です。それを踏まえて営業マネジャーと二人三脚で準備を万端にしさえすれば、売上目標の達成が可能になりやすくなるからです。

ところが、商談の量（フライト時間）を意識していなければ、単に「6件必要だ」「8件必要だ」ということになり、商談時間を圧縮する必要性に気づきません。その結果、1日で6件、8件の商談数を**ただ追いかけるだけ**となり、結果に結びつきません。それが、どの営業部でも起きている現実です。

Pで策定した指標を組み合わせることで、目標達成の羅針盤ができるメリットは大きく、このようにして、実行計画の策定そのものの完成度を高くすることができれば、PDCAの運用が真に実践的で、効果的なものになります。

アポ件数計画の策定は商談フライト時間を安定させる良策

即断即決の完全新規開拓型の営業チームでは、アポ件数計画の策定の優先度は低くなりますが、2回以上の商談を重ねてクロージングするタイプの営業チームには、アポ件数は必要不可欠なPの策定計画となります。一般的なアポ件数計画の一例は、次のようになります（図3参照）。

たとえば、「金曜日の朝9時の時点で、翌1週間のアポ予約が必要商談件数の5割以上必達」と策定したら、1日4件以上が商談計画の営業社員は、週に20件以上

図3

翌週のカレンダー／前週金曜日朝の時点

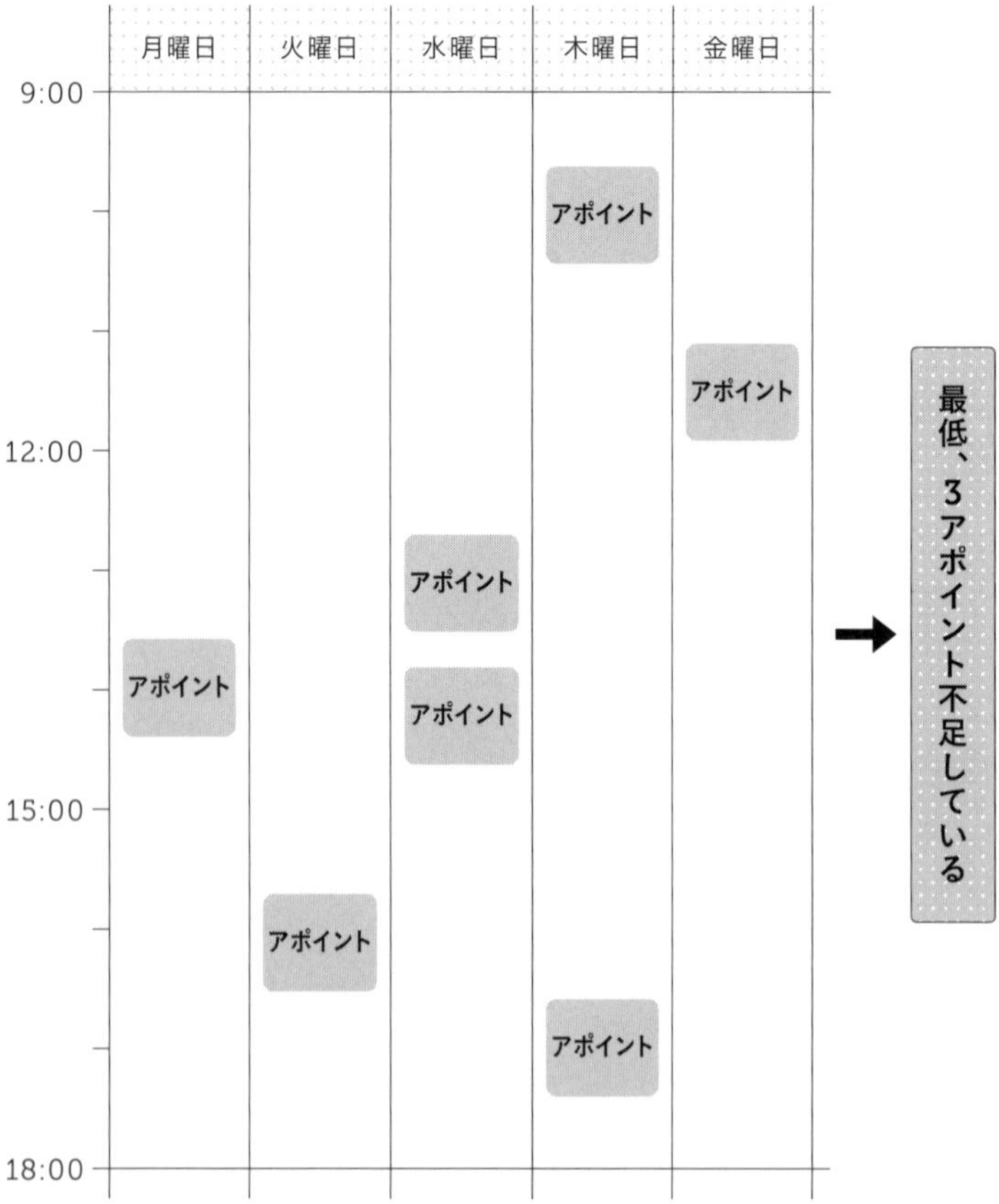

※アポ件数目標10件以上に対して7件しか取れていない

の商談が必要になり、金曜日の朝9時の時点で、10件以上のアポ予約が取れていなければなりません。もし7件しか入っていなかったら、金曜日の優先活動は3件以上のアポ取りを行うことになります（もちろん金曜日の目標商談時間をこなしながら）。

この実行計画はとても実践的で、商談時間を確保するための最善策でもあります。その理由は二つあります。

一つは、アポ件数目標を強く意識することによって、継続商談の次のアポを、商談中に入れるようになることです。それを**次アポ**と言って、効率的な商談ノウハウの一つです。商談終了後、会社に戻ってから次回のアポを入れるのと、商談中にその場でアポを入れるのとでは、後者が2倍以上、アポを入れやすいことがわかっています。また、商談中のアポであれば、次の商談に向けて相手に何らかの宿題を出すことも可能です（電話やメールではなかなか出せません）。「○○について考えておいてください」「○○について調べておいてください」など、慣れてくれば案外出しやすいものです。宿題を出しても嫌がられないような関係であれば、自社のペースでクロージングに向かうことができるので、受注の確率も上がります。

もう一つは、次回の商談のアポを入れておけば、営業マネジャーと作戦を立てやすくなるということです。営業マネジャーの知恵をうまく引き出せれば、それだけ受注確率も高くなります。

なお、常に8割以上のアポ予約（週20件以上が必要であれば、16件以上のアポが前週の金曜日に入っている状態）で、スケジュールをいっぱいにしておくのは得策ではありません。急に必要になった商談への対応に、時間を割けなくなるからです。何事も余裕が必要です（一般的には5割から8割が妥当です）。

アタック件数計画は逆算して策定する

アポ件数がいつも多く、商談フライト時間の達成に困らない営業社員、もしくは、アポが入りやすいルートセールスの取引先が多い営業社員であれば、アタック件数計画の策定は必須ではありませんが、アポを入れるのに苦労している営業社員には、1日平均のアタック件数計画の策定をお薦めします。

「それぐらいのことはわざわざPとして策定しなくても、日々計算しながらアタックするので大丈夫です」と軽く考える営業社員や、「そこまでマネジメントする必要はないでしょう。それぐらい自分でやらなければ成長しませんよ」と本人に任せる営業マネジャーが、現実には多いものです。本人に任せてできるのであれば、P

DCAを運用しなくても業績アップに困らないはずです。しかし、実際は困っている営業部や営業社員だらけです。必要なプロセス目標の設定を軽視しているからです。

会議に取って代わる1対1CATという万能薬

2017年頃から、ワン・オン・ワン・ミーティングという言葉を耳にすることが多くなりました。書店には、シリコンバレー式、ヤフー式と付いた解説本が、数多く並べられています。「1対1」(ワン・オン・ワンと読む)というのは私の書き方ですが、営業コンサルティング事業を始めた頃から、目玉アイテムとして注力しているマネジメント・ノウハウです。1対1の最も良い点は、お互いに当事者意識を持ちやすく、集中しやすいことです。特に、業績が良くない営業社員は、会議でいろいろな指導をしても、自分にかかわること以外にあまり関心を示しません。他人のケースをわが事のように聞き、熱心にメモを取り、自分の営業に活かすような姿勢の営業社員は、既にトップセールスマンの仲間入りをしているはずです。そう考えると、会議で部下を集めて指導する時間がいかに無駄かということが、よくわかります。

部下指導の観点から指摘できる会議のデメリットは、五つあります。

- 参加者全員のスケジュール調整が必要なので、週1回平均の開催になりやすい
- 1週間前の報告を受けて指導したところで、手遅れになっていることが多い
- 参加者全員から1週間分の商談活動をすべて報告してもらうことは困難
- 業績の悪い営業社員ほど、他人の話（参考事例）を聞いていない
- 周りの目を気にして、悪い報告ほど隠したがる

以上の理由から、部下指導に会議を活用することはお薦めしません。会議そのものが不必要だと言うのではありません。会議は、週に1回の全員の顔合わせと割り切り、情報交換や心の交流を目的にすることが最適だと考えています。

Plan
実行計画策定
〈重要三大計画〉
1　商談フライト時間
2　1対1 CAT時間
3　同行・同席商談時間
〈その他計画〉
4　商談件数／5　アポ件数／6　アタック件数
7　商材別・レイヤー別商談比率
8　時季商材商談比率／9　フルロープレ量
10　その他独自実行計画／11　期中追加計画

会議の代わりに部下を指導する場が、1対1CATです。CATとは、その日の商談報告を聞き出し（Check）、指導し（Advice）、ときにトレーニング（コーチ）する（Training）、という意味です。なお、トレーニングという言葉は、コーチに置き換えたほうがニュアンスが伝わる場合も多いので、併記しています。

折込ロードマップのPで、1対1CATを重要三大計画の一つとして取り上げているとおり、1対1CATはPの策定に欠かせない実行計画です。特に、プレイヤー側よりもマネジャー側の計画目標値が、とても重要になります。結論として、1日平均120分から180分の実行計画策定が必須です（具体的な計画目標値設定方法はコラムBで詳述）。ほとんどの営業関係者は、その時間の長さに驚き、「無理だ！」と言います。実際に、ほとんどの営業部の1日平均は10分以下です。しかし、営業部を強くしたいのであれば、1対1CATの強化は避けて通れません。業績向上と人材育成は、1対1CATの充足した実行の結果得られるものだということを、肝に銘じてください。実際に、営業部強化に真剣に取り組む会社は、1日平均120分を必ず超えることができます。

問題なのは、プレイングマネジャー制度を導入している営業部です。マネジャー自身がプレイヤーとして日々動き回らざるを得ないので、120分以上の取り組みは物理的に難しくなります。実態から言って、マネジャー不在組織にしてしまう悪制度なのですが、専任マネジャー制度への移行を決断できる会社は、ほんの一握りです（プレイングマネジャー制度が悪い理由はⅠの章を参照してください）。

1対1CATは最強のマネジメント・ノウハウです。ぜひとも、営業マネジャーのPの実行計画として、**本書の指示どおり**に策定することを願うばかりです。

コラムB

1対1CATの目標設定は何分が妥当か？

プレイヤー1名の目標設定は、1日平均30分の設定が基準です（ただし、チーム人数によって後述のとおり変動します）。

「毎日30分も上司に報告するのですか？　そんなに報告することがないと思いますが……」という反応がよくありますが、まさしく、そこが最大のポイントなのです。30分に設定することの目的は二つあります。

一つは、チキンエッグを逆手《さかて》にとった作戦です。平均的な営業現場の課題は、30分も報告できないほどに日々の動きが漠然としているか、商談件数が少ないことです。かといって、「もっと中身の伴った動きをするように！」と指示しても、なかなかできません。ところが、30分の報告を義務付けると、「鶏が先か、卵が先か」ではありませんが、プレイヤーの意識と動きがガラリと変わります（同時に、マネジャーのヒアリングと指導の姿勢も変わります）。これが30分を基準とする目的の一つです。

もう一つの目的は、コミュニケーション能力強化の貴重な練習時間になるからです。上司と部下で毎日行う商談内容のやり取りの積み重ねは、両者のコミュニケーション能力を強化することがわかっています。特に、本書で薦めている実施方法で行えば、報告と指導の要諦をつかみ取ることができ、総合能力の強化に絶大な効果があります。

一方、マネジャーの場合は、部下の人数によって目標設定が変わります。

部下が2名であれば、30分×2名で60分、6名であれば、30分×6名で180分が基準となります。ただし、コンサルティング経験に基づけば、120分から180分の枠内で設定することが妥当だと言えます。

具体的には、部下が4名以下の場合は120分を目標に設定する。5名の場合は150分、6名以上なら180分の設定になります。これを部下側からカウントすると、部下2名の場合、1名当たり60分、部下3名の場合、1名当たり40分、部下7名の場合、1名当たり26分の設定になります。つまり、プレイヤーは30分設定を基準にすると書きましたが、1人のマネジャーに対する部下の人数によっては、プレイヤーの設定時間は修正されることになります。

「プレイヤー2名で、1名当たり60分になるけれど、60分も1対1CATをできるのだろうか？」と、素朴な疑問が聞こえてきそうです。答えは、「十分に可能」です。専任マネジャー1名に部下が2名とか、1名というのは、非効率なのでなるべく避けるべきですが、そうならざるを得ないのなら、じっくりと部下を育てようという目的意識を持って対応するべきです。本書の実施方法で、日々60分や120分をかけて、1対1のやり取りを深く掘り下げるように行ってください。そうすれば部下の考える力と商談能力は、間違いなく強化されます。

余談ですが、一般的な営業部では、1人の専任マネジャーに対して部下は3〜6名です。2名以下では効率が悪く、7名以上だと目が行き届かないからです。したがって、営業チームの編成としては、マネジャーを入れて4名から7名がベストだということを覚えておいてください。

なお、マネジャーの1対1CAT時間の設定は、同行・同席商談時間の設定と連動しています。1対1CAT時間の目標設定を120分にしたときは、同行・同席商談時間の目標設定を180分にしてください。1対1CATが180分なら、同120分としてください。これは、1対1CAT時間と同行・同席商談時間の合計にシーリング概念を設けているからです。合計300分を目安にすることで、無理な残業を防止できます。

1対1CATの実施方法

一般的な1対1CATの実施方法は、次のとおりです（報告内容によっては、適宜アレンジしてください）。

- 原則、1対1CATは日々実施する
- すべて口頭のやり取りでOK（お互い必要事項はメモすることを忘れないこと）
- その日（もしくは前日）の商談内容を時系列で全件数サマリーレポートをしてもらう（1件90秒以内が目安／サマリーレポートとは、要点をコンパクトにまとめた報告の

こと）

- サマリーレポートの内容は、今回の主な商談目的、商談結果、やり取りのポイント、同業他社との商談の有無と動き、（商談が継続する場合）次の一手はどうする予定か、再訪アポは入っているか（入っていればその日時、入っていなければいつ頃商談予定か）などを中心とする
- 電話商談等の挨拶程度、もしくは短時間商談等、中身の薄い商談の場合は、30秒以内でポイントのみ簡潔に報告してもらう（次回、重要な商談内容が予定されている場合は別）
- すべての商談報告が終わったら、案件の難易度と部下の能力を比較して、「案件難易度V担当営業社員の商談能力」の差が最も大きい案件、もしくは、会社として商談のミスが許されない最重要案件を一つピックアップする（一つに絞れない場合、テキパキと二つ以上取り上げるのはOK）
- ピックアップした案件について、ポイントとなったやり取りをあらためて詳しく分析し、適宜アドバイスを与える
- この部分で特に重要なことは、商談相手とのやり取りを**セリフのまま**再現すること（営業社員の思い違い伝達によるマネジャーの判断ミスを防ぎやすくなる）

- 再訪を予定している場合、次の一手をどうすべきか両者で検討し、ベストな候補（商談相手の返事次第の3手先バリエーションも含む）を決める
- 次の一手の模擬練習が必要であれば、その場でショートロープレ（上司がお客様役、部下が営業役となり、1対1で数分程度）を実施し、適宜コーチングを行う
- （時間に余裕があれば）追加の案件、もしくは懸案事項になっている進捗案件（サマリーレポートになかった案件もOK）をピックアップし、同様のことを行う
- 1日の移動経路にかなりの非効率性（星形移動等）が認められれば、それを指摘する
- その他、連絡事項、相談事項、今後1週間の動き、月間・四半期・半期・年間目標達成の見通しと対策、等々についてやり取りする

毎日部下に対して、本当にこれをやるの？　という声が聞こえてきそうですが、実行すれば高い確率で業績が向上し、部下の商談能力も格段に上がります。また、営業マネジャーの総合能力も飛躍的にアップします。実行あるのみです。

コラムC

1対1CATの現場をのぞいてみよう

コンサルティング現場では、「1対1CATとはこういうものだ……」と、現場を再現しながら説明できるのですが、本文だけではイメージを描けない人がいるかもしれません。少しでも想像できるように、実際のやり取りのサンプルを書きましたので、参考にしてください。設定の背景は、次のとおりです。

当社は、オフィスビル専門の建設会社です。営業社員は入社5年目で成績は中の中と平均レベルです。いまは課の朝礼が終わって、昨日分の1対1CATを行うところです。

加藤課長「さて、昨日の商談活動を報告してください。いつものとおり時系列でお願いします」

丸川社員「おはようございます。営業報告書に書いたとおり、昨日は3件の商談を行いました。順番にサマリーレポートします」

加藤課長「昨日は3件で、商談フライト時間は210分か……。30分の不足分は、今日カバーできるのかな？」

丸川社員「はい、この1対1が終わったら、今日のアポを1件増やして5件にする予定です」

加藤課長「サマリーレポートを始めるところだったね。どうぞ続けてください」

丸川社員「はい。1件目ですが、初アポで第1回目の商談です。定期訪問をしている設計会社からの紹介でアポが入りました。レイワという社名のＩＴ企業で、起業からまだ5年しか経っていませんが、来期に上場計画がある好調な会社です。その会社が、ヘイセイ駅から徒歩5分圏内という好立地に買い付けた300坪の土地に、本社ビルの建設を計画しています。1回目の商談なので、当社が建てた代表的なビルの写真を見ていただき、簡単な説明をした後、早速本社ビルの計画概要を聞きました。ＩＴ企業だからこそ、緑にあふれたビルを建てたいと強調していたことが印象的でした。商談結果としては、次回に当社の設計担当に同席してもらい、レイワ社が考えている構想、希望、条件などを提示してもらえることになりました。設計担当は佐藤主任にお願いしようと考えています。佐藤主任のスケジュールを確認したうえで、来週にはアポを入れる予定です。同業他社の営業情報は教えてもらえなかったのですが、最終的にコンペティションを行うということでしたので、他社の動きを注視する予定です。

次に2件目の商談ですが、先日少し動きが鈍くなってきたと報告したショウワ商事に行ってきました。課長のアドバイスどおりに、……（中略）以上、3件のサマリーレポートを終わります」

加藤課長「レイワ社が決まれば、建築容積率、建ぺい率次第では、それだけで丸川くんは今期の目標額達成が確実になるビッグ案件だね。これは気を引き締めて対応しなければならないのに、次アポを入れずに帰ってきたのは大チョンボだな。くどいほど次アポの重要性を言っているのに、なぜ入れなかった？」

丸川社員「すみません。先方から設計担当の同席を要請してきたので、商談の流れからアポ取りは確実かと思いまして……。それに、佐藤主任のスケジュールを確認してからでも遅くないかなと……」

加藤課長「たしかに、報告どおりであればアポ取りに苦労する流れではなさそうだけど、それでもいつも言っているように、進捗させたい案件では念には念を入れて、必ずその場で次アポを取るようにすべきだよ。お客様にことわって、目の前で佐藤主任に電話をすることだってできたはずだ。それに、次アポが入れば、次回のミーティング時に当社が知りたい情報のラインアップを伝え、用意しておいてもらうという宿題作戦も打てただろう。お客様に宿題を与える効果については何度も教えているよ」

丸川社員「はい、私が甘かったと思います」

佐藤課長「勘違いしないように。丸川くんに反省を促しているのではなく、ちょっとしたズレの積み重ねが、受注確率の差になることの怖さを知ってほしいだけなんだ。ちなみに、本社ビルが建つエリアの容積率と建ぺい率はいくらだ？」

丸川社員「すみません、まだ調べていません……」

佐藤課長「調べる前に、話の流れの中でお客様に尋ねなかったのか？」

丸川社員「はい、あとで自分で調べればいいと思ってしまって……」

佐藤課長「丸川くんの成績がいま一つ伸びないのは、こういうちょっとしたズレのせいなんだけどね。さて、次回の商談に話を戻して、何がポイントになると思うかな？」

丸川社員「設計条件を教えていただけるということなので、とにかく、ひたすら漏れなく聞けばいいと考えているのですが……」

佐藤課長「どのような段階の商談でも、漫然と臨んではダメだ。次の一手を常に考えて行動する姿勢の積み重ねが、鋭い営業能力を磨くことになると考えてほしい。いまから、どのような手が必要か、一緒に考えてみよう。それから次の一手のべスト候補を決めていこう。あっ、その前に、次回はできるだけ同席したいので、この1対1が終わる前に、目の前でお客様にアポ取りの電話をするように。では、次の一手のまず一つは、やはり同業他社の顔ぶれが気になるよね……（後略）」


みなさん、1対1CATの雰囲気を少しはつかみ取れたでしょうか？

このような具体的なやり取りを日々、上司と部下で実行することの重みは計り知れません。営業向きでない部下も営業向きになるぐらい、営業能力が磨かれていきます。何と言っても、前日（当日の場合もある）の商談を題材に、具体的な内容でやり取りができるので、部下にとってはとても濃い30分になります。マネジャーがデスクワークをしている間は部下は育ちませんが、1対1CATをしている最中は、ものすごい勢いで育っていきます。ぜひとも、うまく活用してください。

なお、丸川社員の1件目の商談報告の所要時間は、ゆっくり報告して75秒前後です。すべての商談報告を、これぐらいの量でコンパクトにまとめて報告し、その後のサンプル会話のように、重要案件を時間をかけて深掘りしていく、というリズムが大切です。また、常に90秒以内で報告するというサマリーレポート練習は、商談能力の向上にも大いに役立ちます。

営業の場合、一人で商談しているだけではOJTにならない

職場で実務を通じて社員の能力を伸ばすOJT（On the Job Training）は、あまりにも有名な育成手法です。しかし、営業部門ではOJTの考え方をうまく活用できていません。その原因は、ほかの職種と違い、営業社員にとって最も大事な職場は商談現場であり、だいたいの場合、そこでの実務は一人でこなしているからです。

ほかの職種では、同じ空間で仕事をすることが多く、上司の仕事ぶりを常に見続けることで、仕事のやり方を覚えていきます。また、実務の最中に、部下の要領の悪いところは上司がコーチできます。結果的に、OJTが機能しやすい環境だと言えます。

残念ながら、営業の商談現場は一人で対応していることが多く、上司の仕事ぶりを見ることもできません。その事実（まねできる環境ではないという事実）がいつの間にか忘れられ、商談経験を重ねさえすれば営業人材が育つ、という考え方が広まってしまったのです。**OJTの本来の意味を正しく捉えていない**からです。そのせいで、営業人材が育ちにくい環境になっています。

この現状を打破するためには、基本に立ち返り、OJTの「4段階職業指導法」

を実践することです。簡単に言えば、SHOW、TELL、DO、CHECKの4段階を踏んで人を育てる、ということです。SHOWとTELLは「やって見せる」という意味です。この「やって見せる」に該当するマネジメント・ノウハウが、同行・同席商談になります。

「同行・同席商談が、やって見せることになりますか?」という質問が聞こえてきそうです。ほとんどの営業関係者の認識は、「上司が部下の商談に同行・同席して、部下の商談能力を直接見て、部下に商談方法のアドバイスをするためのもの」であり、「やって見せる」のは部下のほうなので、その疑問も当然です。では、なぜ同行・同席商談が効果的なOJTになりうるのか?

発想を180度変えればよいのです。私が営業コンサルタントとして指導していることは、同行・同席商談の目的は「上司側が商談を主導し、知識の出し方、プレゼンの仕方、コミュニケーションの取り方等々をリアルな商談現場で見せることにある」というものです。これでこそ、「やって見せる」というOJTの実践になり、営業人材が育つのです。わかりやすい例を一つ挙げます。商談相手の携帯電話番号を聞き出せない営業社員は意外に多いものです。「教えてもらいにいくのでは?」という固定観念があるようです。同行・同席商談で上司が商談相手から教えてもらっているところを何度も「やって見せる」ことをすれば、簡単にできるようになります。

特に、商談ノウハウの肝とも言えるクロージング能力を強化するためには、何度もクロージング現場を見続けることが大切です。しかし、多くの営業関係者が正しいと信じている同行・同席商談のやり方は、「やって見せる」ことをしないので、クロージングの能力も思うように獲得できません。

「やって見せる」同行・同席商談こそが解決策なのです。営業マネジャーが商談を主導して、やって見せてあげてください。1回や2回見るだけではなかなか壁は突破できませんが、百回、二百回と見続けると、人が本能的に持っている模倣する力で克服できるようになります。これは、イタリアのパルマ大学が中心になって研究しているミラーニューロン（模倣神経細胞）理論で言われていることですが、私のコンサルティング現場でも証明されています。

なお、DO、CHECKの「やらせてみる」については、1対1CATが該当します。つまり、**1対1CATと同行・同席商談を組み合わせることで、OJTを活用している**といえるのです。

同行・同席商談時間の基準

営業マネジャーが最も時間を費やすべき活動は、デスクワークでもなければ、上層部とのコミュニケーションでもありません。1対1CATと同行・同席商談です。

Pとして策定する時間は、1日平均120〜180分以上を基準とします。この数字を出すと、1対1CATのときと同じく、「それは不可能です」という反応が、すべての営業関係者に**共通して**見られます。

どの営業部も、営業改革をうまくやり遂げたいと考えているにもかかわらず、ほとんどの営業関係者がこの**不可能**という言葉を持ち出します。営業改革が失敗する原因は、まさしくそこに内在しているのです。

営業改革に成功する営業部には、**不可能と思われやすいことにチャレンジする勇気**があります。勇気を持てないのは、**いままでの常識**にとらわれているからです。前例主義が企業の発展にブレーキをかける典型例です。

同行・同席商談の設定基準を120〜180分以上と幅を持たせるのには、意味があります。1対1CATの設定基準との兼ね合いです。1対1CATの設定目標を180分にした場合は、同行・同席商談を120分にしてください。1対1CA

Tが120分なら、同行・同席商談は180分です。つまり、これら二つの目標の合計値が300分になるように調整してほしいのです。これは、コンサルティング経験から導かれた結論です。簡単に言えば、どちらも180分にしてしまうと、ほかのマネジメント業務を圧迫するおそれが出てくるからです（残業を前提にした目標設定は、しないようにしてください）。

同行・同席商談のやり方をレクチャーしたとき、「当社は営業経験ゼロのマネジャーが多い（いる）ので、それをするのは無理です」とよく言われます。そもそも営業経験ゼロのマネジャーに部下のコーチはできないので、結果数字だけを管理する者にならざるを得なくなります。そのようなミスマッチの人選は、極力避けるべきです。営業人材が揃っておらず、仕方なく任命せざるを得ないのであれば、それこそ、配属当初は部下の商談に同行・同席することを最優先し（覚えるまでマネジャーが部下の商談を見続けるしかない）、猛烈な勢いで商談の勉強をする覚悟が必要です。**組織作りは、誰でもいいから人を当てはめればよい、というパズルゲームではありません。**特に、営業のように、マネジャーの指導がなければOJTによる人材育成もできない仕事では、安易にマネジャーを決めてはいけません（Iの章で詳述）。

Pにおける同行・同席商談の目標設定は、重要事項です。勇気を持って本書のとおりに設定してください。そうすれば、次の二つの副次的メリットを得ることができます。

一つは、受注件数が増える可能性が高まることです。理由は単純です。相対的に商談能力の高い営業マネジャーが「やって見せる」ときは、実際に商談を主導することになるので、部下が商談するよりも受注確率が上がるからです。

もう一つは、営業マネジャーの現場感覚がアップデートされるので、部下指導を行う際の的確さや説得力が増すことです。「このマネジャーは、かつて通用したひと昔前のやり方をいつまで引きずっているのだろう」と思ったことがある部下は少なくないはずです。このように、現状とズレる心配がなくなり、現場感覚に合ったより鋭いCATができるようになります。これは意外に大きなメリットです。

Pに欠かせない重要三大計画

強い営業組織を作るためにPで必ず計画しなければならない、**重要三大計画**を整理します。

一）商談フライト時間（1日平均240分以上）
二）1対1CAT時間（1日平均120～180分以上）
三）同行・同席商談時間（1日平均180～120分以上）
計300分以上

営業プレイヤー用に計画するのが、商談フライト時間です。あとの二つは、営業マネジャー用の計画です。最初は、これらの計画時間の量に戸惑いがあるかもしれません。「本当にできるのだろうか？」と懐疑的に考えてしまうでしょう。

しかし、**重要三大計画の量にこそ、普通の営業部を最強の営業部に生まれ変わらせる秘訣が隠されている**のです。

「まず量、そして質」――これこそが営業改革成功の秘訣

もっと強い営業部に変わるべく、営業改革に挑戦したことのある営業部は多いと思います。そして、ほとんどが失敗に終わっているはずです。

その最大の原因は、**いきなり質を変えようとする**からです。私も営業コンサルティング事業を始めた頃は、クライアントの強い要望に応えて、**質**の改革から始める

こともありましたが、3年ほど経ってからは、その要望を一切受け付けないことにしました。うまくいかない確率が高くなるからです。

それ以降は、改革成功の分岐点として、重要三大計画の**量**の継続的達成を重要視しています。もちろん、**量**を達成しただけでは、強い営業部にはなれません。**量**が継続的に（少なくとも1年以上）計画以上であることを確認できたら、次に、重要三大計画の**質**のステージに入ります。そのステージを克服して、ようやく強い営業部が誕生するのです。

なぜ「質より量が先なのか」についてはⅠの章で詳述しますので、ここでは「まず量、そして質」の順番が重要だということを覚えておいてください。

ここからは、Pで計画すべき残りのテーマの策定候補について説明します。

商材別・レイヤー別商談比率

多数の商材を扱っている営業部、多種多様な営業レイヤー（切り口）を持っている営業部では、商材別・レイヤー別商談比率というPを策定することが有意義になります。

社員が大勢いる大企業であれば、商材別に営業チームを作ることができますが、大多数の中小企業では、1人の営業社員が多数の商材を扱います。そこで問題になるのが、売るべき商材の比率です。

商材別の売上目標が明確に定められていれば大丈夫ですが、現実にはそうでない会社が数多くあります。つまり、それについては営業社員の自由裁量に任されているのです。「売上（利益）目標さえ達成していれば、何を売ってもいいことにしています」と誇らしげに語る営業マネジャーがいますが、自由裁量にすると大半の営業社員は、自分が売りやすい商材ばかりを売り込んでしまいます。

その結果、売れない商材があっても、「売れないのは、ニーズがないからなのか、誰も売ろうとしないからなのか、会社として判断がつかない」状態を招いてしまいます。このようにして、**本当は売れるヒット商材**を持っていながら、それに気づかないまま販売中止になった商材も多いのではないかと心配になります。

Pで商材別の商談計画を策定することが重要となるケースは少なくないので、細心の注意を心掛けてください。

また、レイヤー別の商談比率を意識することも重要です。

レイヤー別とは、新規開拓とルートセールスのような営業形態の違い、個人宅相手と法人相手のような顧客層の違い、といった切り口の違いを意味します。少し難しい概念ですが、このレイヤー別の商談比率も重要なポイントです。商材別と同様、これを間違えると会社の進むべき方向を見失うこともあります

たとえば、新規開拓とルートセールスの両方を1人の営業社員が担当している場合、レイヤー別のPを策定しない限り、ほとんどの営業社員はルートセールスに力を入れ、新規開拓にはあまり熱心になりません。理由は簡単で、ルートセールスのほうが楽にアポが取れ、売上げも計上しやすいからです。

新規開拓の取引先がなかなか増えないという問題を抱え、営業コンサルティングを依頼してくるクライアントはけっこうあります。異なるレイヤーの営業を一緒にして、しかも売上（利益）目標比率を営業社員の自由裁量にすれば、精神的に楽なほうに、もしくは売上的に楽なほうに流れるのは、自明の理です。

その結果、新規開拓営業の練習量が豊富な営業社員が1人もいないことになりかねません。それに気づいている営業関係者はほとんどいませんが、実はこれが重大な問題になります。社長が「なぜ、新規開拓が伸びないのだ？」と営業本部長に尋ねても、「商材開発、広告宣伝、料金体系のいずれか（いずれも）を再考しなければ売りにくい、という声が営業現場では数多く上がっています」という返事がくるだ

けです。一番の問題は、**営業社員の練習不足で売る技術が不足している**ことかもしれないのです。

会社の将来を左右する失態と言っても過言ではありません。

このような失態を根本的に防ぐための解決策は、レイヤー別に営業チームを分けることですが、人員に余裕がなく致し方がない場合には、Gの売上目標をレイヤー別に分けて、それに応じたPの実行比率計画を丁寧に策定すべきです。Pの策定はそれほど重要な役割を担っているのだと考えてください。

時季商材商談比率

食材など季節ごとに違う商材を扱っているメーカーや販売代理店に多いのですが、たとえば春と秋に特売セールの商材を売り込むように指示すると、マルチタスク能力の低い営業社員は、季節商材の売り込みに夢中になってしまい、通常の商談がおろそかになってしまう、という問題があちこちで実際に発生しています。これも、売るものを本人任せにしていることが原因です。季節ごとに商談比率を変化させる計画をPでしっかりと策定し、営業社員がバランスよく動けるようにしてください。

Pは営業活動の羅針盤でもあるのです。

フルロープレ量

ロープレはロールプレイングの省略表現ですが、その量については、1対1CATが充実していれば必ずしも策定する必要はありません。1対1CATにショートロープレが含まれているからです。しかし、ロープレの価値や役割をはっきり明示して、定期的に行うようにしたいという営業部ならば、Pでしっかりと計画を策定すべきです。その場合、ショートロープレと分けるためフルロープレと呼ぶこともあります。

ロープレをうまく運営するノウハウは、次のとおりです。

- ロープレは、その場で何となく、お客様役および商談設定を決めてはダメ
- ロープレの成否の鍵は、お客様役が握る（お客様になる側の入念な事前準備と商談設定が重要）
- 商談設定は可能な限り、いま進捗中の案件（特にクロージングで困難が予測される

案件）を題材にする

- 名刺交換から商談終了までをすべて実施するのではなく、目的を定めた商談場面をいくつかピンポイントで入念に行う（一場面は長くて10分以内）
- 10分ロープレが終了したら、全員でブレーンストーミング（意見交換）を行う
- 特に、「〇〇さんならどうする？」と、すべての営業社員に発言を求めることを繰り返す
- ブレーンストーミングを全員参加型にしない限り、1対1CATでショートロープレを行うほうが効果的
- 週一の営業会議に併設して開催するのであれば、ブレーンストーミングを含めて30分以内に終わるようにすること
- 60分から90分程度で行いたいのであれば、月1回の開催が妥当

これまで、目的を見失い、時間を浪費しているだけのロープレを数多く見てきました。それを避けるためのポイントを並べると、これほどの細かさになります。それだけ、ロープレの有効活用は難しいということです。

その他の独自実行計画

世の中には多種多様な営業があります。本書は、最大公約数的な営業活動を念頭に置いて書いていますが、抜けていることは多いかもしれません。それぞれの営業部によって異なる独自の営業スタイル、商材、取引手法等々については、本書の**Pのあり方**の趣旨を十分に汲み取ったうえで、Pの実行計画を策定してください。

たとえば、インサイドセールス専門の営業部であれば、1日平均のアポ取得数計画というPの策定が必要になることが多いでしょう。自動車サービス部が自動車点検車庫入れの電話営業をしているのであれば、1日平均の点検車庫入れ数計画が必要になるかもしれません。それぞれに工夫して、必要と思われる独自のPの実行計画を策定してください。

なお、独自のPも含め、商材別・レイヤー別商談比率、時季商材商談比率等のPを策定する場合は、Gの各種目標を詳細に設定したうえで、それに連動するように策定してください。複雑になり過ぎて営業社員が混乱してしまうようでは本末転倒ですが、わかりやすく丁寧にPとGを連動させることは、とても大切です。

期中追加計画

Cの章で詳しく説明しますが、Pの策定計画をすべてクリアする活動を実行したにもかかわらず、売上（利益）目標等のGが未達成で終わるような場合には、Pの期初策定計画ラインアップに不足がないかどうかを検討する必要があります。その結果、追加のPが必要だという結論に達したら、期中で追加計画を策定してください。

Gの章　新しい概念G

Pの章　PDCAの成否を決定づけるP

Dの章　将来の成長への道標

Cの章　PDCA運用の鍵を握る

Aの章　目標達成の最後の砦

業績強化PDCA

もう一つのGの章　能力強化もPDCAで

付録　Iの章　PDCA以外の重要な営業知識

能力強化PDCA

Dの章

あまり知られていないDの重要な役割

Dは重要です。Gに到達するための活動計画を定めたPを、ひたすら忠実に実行するのがDのプロセスです。Gに到達するためであれば、Pの計画を無視して自分の勝手な考えでどのように動いてもいい、という無責任な放任主義を排除するためにDがあるのです。

Dは、確実にGにたどり着くための道標です。道標を見失った旅は危険です。**常に道標を頼りにして歩き続けることで、将来の成長への旅が続いていく**のです。本章ではあまり知られていないDの重要な役割を丁寧に書いています。特に、**Dのチェックは Cではなく Dで行う**という考え方は役立ちます。ぜひともマスターしてください。

正常性バイアスという怖い落とし穴

長年のコンサルティング経験から、平均的な営業社員の動きはかなり悪い、と断言できます。経営者が考えている商談量の半分以下（時間も件数も）です。

売上（利益）目標が未達成に終わったら、ほとんどの営業関係者は、市場環境や経済環境が悪かったからと、いろいろ言い訳をしますが、本当の原因は**動きが悪い**からです。それ以外にはほとんどありません。

もちろん、商談能力不足も大きな原因になりますが、それも動きの悪さ、つまり練習不足が招いたことです。

とはいえ、目標を達成したくない営業社員がほとんどいないのも、また事実です。なぜ、目標を達成したいと思うのに動きが良くならないのか。その答えは、次の二つのポイントで説明できます。

- 正常性バイアス
- できない言い訳

Do
策定計画実行
Plan通り以上の実行及び確認・調整
〈やってはいけないAnti Do〉
正常性バイアス（による実行不足放置）
できない言い訳（による実行不足容認）
プレイヤー任せ（というマネジメント未介入）
※Dのチェックは、CではなくDで行う
※Dの結果をすべて可視化

正常性バイアスについては、コンサルティングを始めたときから言い続けてきましたが、ほとんどの人が「何ですか？　それは」と訊き返してくるような言葉でした。ところが、コロナ禍によって、新聞などで**正常性バイアス**が頻繁に使われるようになり、かなりポピュラーになりました。

これは、「私（たち）だけは大丈夫」と都合よく思い込んでしまう心理作用を表す言葉です。「私（たち）だけは、その計画どおりに動かなくても目標は達成できる」と考えるのが、**正常性バイアス**の一例です。

なぜそう考えてしまうのでしょうか。「ムダに動くだけでは結果はついてこない。量ではなく質を良くすることのほうが大切だ」という考え方が一般的に支持されているからでもあります。この考え方が、**あまり動いていないこと**を肯定する大義名分になっています。

しかし、正解はまったく正反対です。**「量より質が重要」なのではなく、「量が質をつくる」**のです。なぜなら、豊富な練習量が質（＝能力）を強化するからです。

ところが、「私（たち）だけには、その理屈は当てはまらない」と、正常性バイアスが働いてしまいます。その結果、実行可能性が高いPをいくら策定しても、Dの動きが悪い状態が続くことになるのです。

できない言い訳という逃げ道

できない言い訳はさらに深刻です。たとえば、商談フライト時間を1日平均240分以上とPで策定しても、5割以上の営業社員がそれを達成できなければ、これはPのハードルが高すぎるのだと、**できない言い訳**のほうに正当性があるように思えてしまい、やらない人がさらに増えていきます。

営業量を増やすことに対する抵抗感はどこの会社にもあります。あなたが営業マネジャーでしたら、「今日から、商談時間を1日平均240分以上にします。全員、それだけの時間を営業活動に充ててください」と、唐突に言ってみてください。もし、あなたが営業社員でしたら、「今日から、私たちの自主目標として、1日平均240分以上の商談量にしませんか」と声掛けをしてみてください。間髪入れずに、「そんなの、できませんよ！」の大合唱になるはずです。

トライもしていないのに「できない」と決めてしまう。それは「やりたくない」という意思表示にほかなりません。この**できない言い訳症候群**が、組織を退化させる原因になるのです。

2300年前から"できない言い訳"は流行している!?

『孟子』の梁恵王章句上《りょうのけいおう》に、「不為也、非不能也」という言葉があります。「為《な》さざるなり、能《あた》わざるに非《あら》ざるなり」と読み、「できないのではなく、やろうとしないのだ」という意味です。『孟子』は約2300年前の書物ですから、残念ながら、その頃から人は変わっていないことがわかります。

できない言い訳の最大の問題点は、それで自己合理化してしまうと、努力と工夫をしなくなることです。たとえば、「1日平均240分以上と計画した商談フライト時間を絶対に実行（D）しよう」という気概があれば、「あと1件、何とか商談を入れられないか」「今日はもうアポがないが、商談時間が20分ほど不足している。どういう話題を出せば、商談を引き延ばすことができるだろうか」という努力、工夫を、必死になって行うようになります。その「何とかしようとする習慣」が身につけば、売上（利益）目標の未達成分に対する改善努力、工夫も生まれてくるでしょう。

つまり、できない言い訳ではなく、**「やるための努力と工夫」が、本人の成長を促す大切なエネルギーになる**のです。

Dを実行するときの落とし穴は、**正常性バイアスとできない言い訳**にあることを、十分に認識してください。

Dを本人任せにしてはならない

「正常性バイアスに陥らないように」「できない言い訳を正当化しないように」とどれだけ口うるさく指導しても、残念ながら、すぐには修正できず、なかなか目標未達成から抜け出せない営業社員が多いのが現実です。しかも、「できないのなら仕方がないな」と見逃す余裕のある会社は少数です。特に、売上げ、利益を伸ばさなければ経営状態が悪化するという会社であれば、なおさらです。

では、どうすればDを担保できるのでしょうか？

その方法は、チームワークの強化しかありません。営業社員が自分一人で取り組もうとしても、正常性バイアスやできない言い訳の誘惑に負けてしまいます。それを救えるのはチームです。具体的には、上司と部下の二人三脚で、上司が部下のDに常に関心を持ってチェックし、計画以上の実行値をキープするようにマネジメントすることで、Dの実行を担保しやすくなります。

そのためにはDの実行状況の可視化が必要です。

実行状況を可視化する営業ツールの必要性

Dの状況をすべて日次で可視化することは、PDCAマネジメントを成功させるうえで絶対条件です。可視化とはDで必要とする営業社員の動きをすべて数字で表示することです。ITが普及した現代では営業ツールを利用すれば簡単にできます。

営業ツールと言っても、お金をかけて何かを新たに導入するのではなく、まずは、いまあるツールで代用する工夫をしてください。たとえば、SFA（Sales Force Automation）のような営業管理システムを既に導入しているのであれば、営業ツールの設計思想に従ってそれをカスタマイズしてください。ただし、カスタマイズに多額な費用がかかるようであれば、エクセルの簡単な関数を使って営業ツールを作ることもできます。

営業ツールの設計思想はシンプルです。Dの進行状況を日々、数字で明確にするだけです。エクセルで作ってしまえば、実質の経費は0円です。Iの章で作り方の参考例を紹介しているので、SFA等を導入していない営業部は、それを使ってみてください（233ページ参照）。

紹介している営業ツールは、「働き方バランス分析ツール」と名付けています。Dの実行状況だけでなく、1日の働き方のバランスがわかるからです。たとえば、1日の労働時間の2割が商談時間で、5割がデスクワークだったら、読者のみなさんはどう思われるでしょうか？

「営業社員として、とてもバランスの取れた働き方だ」と思う人は皆無でしょう。「これでは事務職が片手間に営業をしているようなバランスだな」と感じる人が多いのではないでしょうか。「せめて商談時間を4割、デスクワーク時間を2割5分にすべきだ」と意識して働くだけで、バランスが改善されていきます。

『三百六十五歩のマーチ』にDの答えがある

実行状況が可視化されれば、あとは実際に動くだけです。商談フライト時間を1日平均240分以上とPで策定したら、営業ツールの日次データを見ながら、上司と部下の1対1CATで、次のようにチェックします。「今日の実行時間は203分だったので、明日は不足の約40分をプラスして280分の商談時間を意識しよう」という具合にコンセンサスを取ります。「今日の商談時間は262分だったので、22分の貯金ができた。なるべくこの貯金を減らさないように、明日も240分の商談を心掛けよう（お客様からのアポキャンセルなど不測の事態に備えて、貯金はなるべく崩さないことが大切）」と確認しあい、これらの日次チェックを欠かさず行うことで、240分以上という計画を実現できるようになります。

「三歩進んで二歩さがる」という歌詞で有名な水前寺清子の『三百六十五歩のマーチ』という歌の最後に、「千里の道も一歩からはじまることを信じよう」という歌詞があります。「今日の240分を着実に積み重ねる」という地道な前進が、**1万時間**（Pの章でその重要性に言及）の練習量に到達する早道だということを忘れないでください。

1日平均120分と240分の商談時間の差は、1日では2時間の差でしかありませんが、**1万時間**の練習量に到達するまでの道のりとなると、10年もの差が生じます。ビジネスマンにとって成長速度で10年の差が出ることは致命的です。実際には120分平均の商談時間すら取れていない営業社員のほうが多いので、もっと大きな差が生じています。同期入社の2人が、片や30歳前半で一人前になり、片や40歳前半になってもまだ半人前だとしたら、どうでしょうか？　考えたくもないことです。

日次実行状況のチェックを週一の会議で行っているようではダメ

営業コンサルティング契約を交わし、初めて営業チームの会議に参加するときは、いつも新鮮で真っ白な気持ちでいます。しかし、会議が始まってすぐに、それが驚きに変わります。なぜなら、週一の営業会議で、前週の商談活動内容を全営業社員に報告させているからです。営業マネジャーは報告を聞いて、「その件はできるだけ早く、こう対応するように」と熱心に指導しているのですが、全員で膨大な時間の無駄遣いをしているように思えてなりません。1週間前の商談に対して、「早くこう対応するように」と指導すること自体が遅すぎるということになぜ気づかないのか、いつも不思議でなりません。

1対1CATを日次で行っていれば、このように後手を踏むことはありません。つまり、Dの進行状況は日次でチェックし、日次で修正するという機敏なマネジメントが求められるのです。

かといって、週一の会議を否定するわけではありません。会議の目的を、部下の

1週間分の商談内容の報告と指示ではなく、チーム全体の進捗状況の共有と顔合わせにするのであれば、開くべきです（リモート勤務であればオンラインで）。営業という仕事は、商談中はほとんど1人で活動するので（同行・同席商談が充実したとしても）、ほかの部門以上に、仲間との顔合わせという人間的な時間共有の演出が大切です。

繰り返しますが、Dの実行状況チェックは、週一会議ではミスマッチです。目的と効果に応じた使い分けが必要です。

Dのチェックはではなく Dで行う

Dの役割を以上のように捉えると、とても重要な**気づき**に至ります。それは、「Dのチェックはではなく、Dで行う」ということです。Cの章で詳述しますが、Cでチェックする対象は、Dの動きではありません。このことを理解しない限り、PDCAを有効に活用することはできません。

では、「DのチェックはDで行う」とは、どういう意味でしょうか？

復習になりますが、Dの意義は、Pで策定した行動計画のとおりに動くことです。

ところが、多くの営業社員は、「正常性バイアス」や「できない言い訳」が邪魔をして、Ｐの計画どおりに動けません。その状態を放置すると目標に達しません。したがって、**途中で何度も、細かく修正する**必要が出てきます。自分で修正できるのは優秀営業社員になれるような人です。多くの営業社員の場合、Ｄの動きを日々可視化できるようにしたうえで、マネジャーが１対１ＣＡＴで修正することになります。

計画達成に不足している活動を挽回するための時間的猶予は、経験上、１日か２日が限界です。安全策をとるなら、不足した活動は必ず１日以内で取り返すようにしなくてはなりません。

このように、日々の行動結果に合わせて活動の内容や方法に修正を加えていくことで、Ｄをまっとうできると考えてください。だからこそ、「ＤのチェックはＤで行う」という考え方が必要なのです。

次章で解説しますが、ＣでチェックするのはＰＤＣＡの根幹にかかわる重要なポイントであり、それを正しく理解し、実行することがＰＤＣＡ運用の成功の鍵になります。

Gの章　新しい概念G

Pの章　PDCAの成否を決定づけるP

Dの章　将来の成長への道標

Cの章　PDCA運用の鍵を握る

Aの章　目標達成の最後の砦

もう一つのGの章　能力強化もPDCAで

付録　Iの章　PDCA以外の重要な営業知識

業績強化PDCA

能力強化PDCA

Cの章

本来のCの役割

CはDをチェックするものと捉えている人が多いのですが、それは違います。Dの章で説明したとおり、Dの実行状況を日次でチェックし、逐次修正するのはDの役割です。また、それはDで完結しなければなりません。

GとP、Dの因果関係を検証し、Pで策定した実行計画の妥当性を調査、検討する、というのが本来のCの役割です。

調査、検討のタイミングも重要です。一般的に、最短では月次と考えてください。売上（利益）目標等は最終的に年間目標とされますが、そのほとんどが月次目標（個人宅相手の営業形態では週次目標もあります）も設定し、進捗度に応じて調整しなければならないからです。また、月次でPの計画の修正ができるようにしておけば、年次目標達成に対する最善策を常に考えることも可能になります。

Check
実行結果検討
GとP・Dの関連結果を6パターンに分類
1　実行計画すべて達成で目標未達成
2　実行計画一部未達成で目標未達成
3　実行計画すべて未達成で目標未達成
4　実行計画すべて達成で目標達成
5　実行計画一部未達成で目標達成
6　実行計画すべて未達成で目標達成

調査、検討する項目は、次の四つに大別できます。

- 動きが悪いか
- 実行計画に不備があるか
- 能力レベルが不足しているか
- 目標に無理があるか

これからCの役割を掘り下げていきますが、それをまっとうできるかどうかは、本書で明確にした**新PDCA**の概念どおりに、G、P、Dの取り組みができていることが大前提になります。Gの設定がなく、PとDの役割がズレていたら、Cの本来の役割を果たすことは困難になります。

Cで検討する基本6パターン

Cで検討するGとP、Dの関係は、次の六つのパターンに集約されます（図4参照）。

図4

実行計画と目標の達成度合いを場合分けして考える

目標 ＼ 実行計画	すべて達成	一部未達成	未達成
達成	④ 実行計画すべて達成で目標達成	⑤ 実行計画一部未達成で目標達成	⑥ 実行計画すべて未達成で目標達成
未達成	① 実行計画すべて達成で目標未達成	② 実行計画一部未達成で目標未達成	③ 実行計画すべて未達成で目標未達成

①実行計画すべて達成で目標未達成
②実行計画一部未達成で目標未達成
③実行計画すべて未達成で目標未達成
④実行計画すべて達成で目標達成
⑤実行計画一部未達成で目標達成
⑥実行計画すべて未達成で目標達成

①実行計画すべて達成で目標未達成

Ｐで策定した計画のすべてで計画どおりに、もしくは計画以上に実行したにもかかわらず、目標が達成できていない場合、次の四つの原因が考えられます。なお、ここで言う目標とは、売上目標達成率を念頭に置いて進めます。売上目標達成率のほかにも目標を混在させると、文章がわかりづらくなるので、あえて一つに絞ります。どのようなＧであっても、原則、同じ考え方で対処して大丈夫です。

- Ｐの策定計画が甘い、緩い（修正Ｐが必要となる）

- Pの策定計画に何らかの重要な計画が抜け落ちている（追加Pが必要となる）
- 営業社員の能力不足がはなはだしい
- Gの目標設定が高すぎる

一つ一つ検証していきましょう。原因として最も多いのが、Pの策定計画が甘かったり、緩かったりするケースです。たとえば、重要三大計画である「商談フライト時間」「1対1CAT時間」「同行・同席商談時間」が、それぞれ、180分、60分、60分としか計画されていなければ、甘い、緩いと言わざるを得ません。本書のアドバイスに耳を傾けず、このように甘い、緩いPを策定してしまうと、起こりやすいパターンです。

「これらの数字は、従来のものより大幅に増やしているので、当社にとってはチャレンジャブルな計画だ」と胸を張って言い訳をする場合が多いのですが、かなり悪かった動きを少しぐらい改善しても、**悪い状態**が解消されるわけではありません。

私がモデル基準値として先に挙げた240分、120～180分、180～120分は、それぞれ意味のある数字です。その意味をもう一度振り返って理解に努め、モデル基準値に修正してください。

また、「のりしろ」を持たせた甘い、緩い計画を立ててしまうと、「Pの策定をモデル基準値にしなかっただけなのか？」「Pに追加計画が必要なのか？」「能力不足もあるのか？」「Gの無理な設定もあるのか」ということがわかりにくくなってしまいます。その結果、改善に向けて何から手をつければよいのかわからず、後手を踏んでしまうことにもなります。したがって、Pの重要三大計画値だけは、勇気を持って、モデル基準値から始めるようにしてください。

問題なのは、重要三大計画のすべてをモデル基準値にしたにもかかわらず、目標未達成になった場合です。どのように検討すべきでしょうか？

すべてモデル基準値を上回った場合は、考えられる原因は残りの三つ（Pの計画漏れ、営業社員の能力不足、Gの無理な設定）のいずれかですが、コンサルティングの経験からは、営業社員の能力不足が当てはまることが多いようです。その対策については「もう一つのGの章」で詳述しますので、よく読んで能力強化策を徹底してください。

次に考えられるのは、Pの計画漏れです。本書で初めて**本当のPのあり方**を学ばれた方が、いきなり完璧なPを組み上げることは難しいと思います。みなさんの会社の事情に合わせたPの計画をすべて本書で解説することはできませんが、その勘どころをつかむだけでも違ってきます。ここでまず覚えていただきたいのは、「Pの計画で、何か忘れているのでは？」とクリティカルに考えることが大切だということです。

四つ目の「Gの目標設定が高すぎる」ですが、これは会社の経営状態によっても大きく変わるので、一概に正解を導くことはできません。大切なことは、「目標が高すぎて達成できるはずがない」と、最初から目標達成をあきらめるマインドを持たないことです。ＰＤＣＡだけでは語れないマネジメント全般の問題になりますが、営業関係者は目標の最適化を常に熟慮することが必要です。

②実行計画一部未達成で目標未達成

重要三大計画値そのものがモデル基準値を下回っている場合は、それらを引き上げることが先決なので、これ以降はモデル基準値で計画していることを前提に説明します。

一部未達成の場合は、未達成の実行計画を達成することが最優先の課題になります。それ以外の原因を追及するのは、その後です。特に、年間計画の第１四半期内の早い段階であれば、まずは営業社員全員に向けてPのすべての計画値必達の号令をかけることが肝要ですが、その際に問題になりやすいのが**マネジメント・グリップ能力**です。マネジメント・グリップ能力とは、たとえ会社の指示に納得できなくても（腑に落ちなくても）、決まったことには従うように促す指導力のことです（詳しくは、もう一つのGの章「必要能力パーツ」を参照してください）。これが弱い営業マネジャーは、どれだけ号令を発しても無視されてしまい、一部未達成やすべて未達成になりやすい、ということを覚えておいてください。あなたがプレイヤーの場合は、会社や上司の指示が腑に落ちなくても、「私はまだ理解するための知識や経験が不足しているに違いない」と考え、まずは指示のとおりに実行してみることを心掛けてください。

Ｐの一部未達成が早い段階で解消された後は、目標達成すれば④と同じ判断をすればよく、それでも未達成であれば①と同じ判断をしなければなりません。

③実行計画すべて未達成で目標未達成

営業改革がいつまでも成功しない営業部の典型パターンです。商談相手の決断に左右されやすく、営業側の意志だけではコントロールできない部分もあるGと違って、本来、Pそのものは、自分たちの強い意志さえあれば必ず達成できる**実行計画**だということを忘れてはなりません。繰り返しますが、自分たちの強い意志さえあれば必ず達成できるPのいずれもが未達成という事実は、厳しく受け止める必要があります。

シンプルに考えてください。決められた練習をサボるスポーツ選手、チームが、思いどおりの結果を出すことができますか？　答えは、NOです。

そんな当たり前のことがわからず、当然の結果を招いているのが③の状態なのです。したがってこの場合は、マネジメント・グリップ能力だけでなく、営業組織のあり方そのものを見直す必要があります。根底から見直すのです。見直すべきポイントは次の七つです。この**七つの項目こそ、強い営業部の重要な骨格**になるものです。

- 営業社員の評価方法
- 営業マネジャーの昇格方法
- プレイングマネジャー制度の有無（有の場合、その弊害）

- 組織全体のマネジメント・グリップ能力（社流が浸透しているかどうか）
- ナレッジマネジメントのあり方（社内ノウハウが形式知〈文字・図形・データ等〉化され、営業社員全員に共有されているかどうか）
- 営業バイブルの有効活用
- 働き方バランスの可視化

この七つのポイントがどうなっていれば良いのかについてはIの章で具体的に説明しますので、そちらを参考にしてください。

④実行計画すべて達成で目標達成

これは営業部にとって望ましい結果です。当期はG、P、Dとも、現在の状態を維持することに注力します。そのまま年度末まで行ってゴールすれば、来期のGの設定に焦点を移します。

その際に必要になるのは、「もう一つのG」の章で詳述する能力強化の設定です。営業社員全員の能力をさらに強化することで、営業部の組織力は一段とレベルアップするはずです。

⑤実行計画一部未達成で目標達成

このような結果になる場合、目標を達成したから良し、で終わるのではなく、失ったかもしれない売上額等の業績（失ったかもしれない利益、受注案件等）に目を向けなければなりません。一部未達成でも目標達成したということは、未達成だったPの実行計画をクリアしていれば、業績をさらに上げられた可能性が高い、ということを示しているからです。

⑥実行計画すべて未達成で目標達成

これは考えようによっては最悪の事態です。⑤の拡大版と捉えられますが、明らかに目標設定が低いことを意味しています。低いDの結果にもかかわらず、十分な業績を残しているわけなので、タフな実行計画をすべて達成できれば、大幅に業績が上がったかもしれないことを嘆くべきです。業界シェアアップの可能性もあったかもしれません。経験上、このような会社は少なくありません。

重要三大計画を中心として大幅に増量したPの実行計画をすべて達成するためには、心のハードルも含めて、いくつものハードルを越えなければいけません。長年のコンサルティング現場で、努力や工夫を重ねて乗り越えてきた会社を数多く見てきました。量を克服できれば、次は質のステージです。そして質のステージも克服できるようになれば、最強の営業部に生まれ変わります。

Cのタイミング

Cのタイミングについては既に書きましたが、あらためて整理しておきます。重要三大計画の「商談フライト時間」「1対1CAT時間」「同行・同席商談時間」を実行計画に組み入れていることを前提にすると、月次単位でCの検討を行うのが最善です。

また、再度指摘しますが、CをDのチェックだと勘違いしている人が多い事実に、いつも驚かされます。Cはあくまでも GとP、Dの結果から導かれる因果関係の**調査、検討**だということを覚えておいてください。けっして単なる**Dの行動チェック**

ではありません。

営業コンサルティング事業を始めてすぐの頃に、ＰＤＣＡにおいて、Ｃは「調査」や「検討」の意味合いで意訳したほうがわかりやすい、ということに気づきました。それ以降、調査・検討の意味合いで使ってきましたが、それによってＰＤＣＡをうまく運用できるようになったと思います。

ＰＤＣＡの概念を日本にもたらしたデミング博士が、ＰＤＣＡではなく、ＰＤ**Ｓ**Ａを晩年に提唱していたという本（『「すぐ決まる組織」のつくり方』（入江仁之著／フォレスト出版））を数年前に読んで、その確信を深めました。Ｓは Study の頭文字です。そして、Study は調査、検討と訳すことのできる英語なのです（『LONGMAN DICTIONARY OF CONTEMPORARY ENGLISH』によると、to examine carefully とある）。

したがって、Ｄをチェック、微調整するのはＤそのものの役割に含め、ＧとＰ、Ｄとの因果関係を**調査・検討**する作業こそが、Ｃの正しい捉え方なのだと考えてください。

自己否定ができなければCは機能しない

ＰＤＣＡのようなわかりやすいフレームワークをうまく運用できない原因の一つに、人は自己否定ができない、という現実があります。

思い出してください。Ｃで検討した結果、導かれる内容は「動きが悪い」「実行計画に不備がある」「能力レベルが不足している」「目標設定に無理がある」と、すべて自己否定につながるような厳しい事実です。

Ｃで的を射た検討結果が出ても、それを受け入れるかどうかの最後の判断は**人**が下します。そのときに、自己否定につながりかねない事実と正面から向き合い、改善計画を果断に実行できるでしょうか。おそらく、**正常性バイアスの罠**にもはまりやすいでしょう。「今回は、改善せずに進めても、私（たち）だけは大丈夫」と思い込むかもしれません。その結果、Ｃの役割を形骸化して、**何も変えない**ということになるのです。

自己否定できないことが大問題を引き起こすことを、私たちはコロナ禍の我慢を強いられている経験で身をもって知ったはずです。それは、政府、厚生労働省、専門家の誰も反省することなく、既得権益にこだわり続けたがための戦略なき消極的検査体制、世界一のベッド数で招いた不可思議な医療崩壊、決断のなすり合いが招いたワクチン政策の出遅れなど、失政を繰り返している現状を見れば明らかです。プライドを捨てて、良い提案を謙虚に受け入れる度量があれば、ここまで後手を踏まなかったでしょう。

他人のふり見てわがふり直せ、です。

ＰＤＣＡを活かしたいのなら、「自分のここが甘えていました」「実行計画は最初から無視していました」「部下管理がほとんどできていませんでした」と、素直に事実を認めるところから始めるべきです。自己否定ができなければ、原因分析があいまいなまま終わります。原因分析があいまいだと、正確な解決策を見出すことができず、今後も同じミスが繰り返されます。

営業改革に成功できない営業部は、このエンドレスゲーム状態に陥っています。そこから早く抜け出す術を身につけてください。**自己否定をすることは、明日の成長を勝ち取るための前向きで評価されるべき姿勢である、**と信じることが何より大切です。

Gの章　新しい概念G

Pの章　PDCAの成否を決定づけるP

Dの章　将来の成長への道標

Cの章　PDCA運用の鍵を握る

Aの章　目標達成の最後の砦

もう一つのGの章　能力強化もPDCAで

付録　Iの章　PDCA以外の重要な営業知識

業績強化PDCA

能力強化PDCA

Aはリトマス試験紙の役割

A＝修正（追加）P＋D

Aを数式で表すとこうなります。Aは、常に必要というわけではありません。GとP、Dの因果関係が良好に回っているときにはAは不要です。

Aが必要になるのは、修正Pか追加Pを策定したときです。特に、修正Pを考えるときに、悩むことがあります。たとえば、商談フライト時間です。Pで1日平均240分と設定したのに対して、3か月が経過した時点で累積98時間（＝5880分）ショートしているとします。残り9か月でショート分を取り返す計画を策定する場合、9か月の実質営業日数を187日として、1日平均約30分を上乗せしなければなりません。つまり、残り9か月の商談フライト時間は、1日平均270分の設定に修正することになります。これが修正Pというもの

Act
改善計画実行
A=修正・追加P+D
※次回P策定の根拠となる（PDCAサイクル）

です。

しかし、1日平均270分というのは、コンサルティング経験から言うと、シーリング（天井）レベルを超えています。残業を増やせば可能ですが、そういう時代ではないことも考慮しなければなりません。それでも270分以上に修正するか、年間累計でショートすることを承知のうえで、260分にとどめて修正するか、それとも、商談フライト時間については、どのような状況下でも240分で変えない姿勢を貫くか、いろいろ頭を悩ませることになります（いきなり具体的な修正Pから始めましたが、Aの役割がわかりやすくなったのではないかと期待しています）。

修正Pにせよ、追加Pにせよ、Aにおいてそれらが策定されるということは、自己否定という大きな壁に打ち克ったことを意味しています。その観点でAを捉えると、Aは自己否定を克服したかどうかを判定する、リトマス試験紙のような役割を担っていることがわかります。

リトマス試験紙によるテストに合格しなければ、市場原理というもっと恐ろしい土俵の上で淘汰されることになるので、Aは目標達成の最後の砦としての役割も担っています。

AとDの違いは、もう後がないこと

Aは目標達成のための最後の砦なので、修正（追加）Pに対する日次チェックは、二重、三重の用心深さで行う必要があります。一般的なチェック体制強化方法は次のとおりです。

- 1対1CATの選択と集中
- プレイングマネジャー制度の場合は、二人一組のシスター制の導入
- 計画実行結果の日次全員可視化、共有化の徹底
- 上位組織による二重チェック

「1対1CATの選択と集中」は、営業マネジャーが部下全員に等しく1対1CATの時間を割くのではなく、修正Pの多い人に対して、時間をより多く取ることです。たとえば、修正Pが不要の人は1日平均10分から20分、必要な人は45分、という感じです。

ただし、プレイングマネジャー制度をとっている営業部は、営業マネジャーも自

分に課せられた目標達成のために時間を割かざるを得ません。そのため、実質的なマネジャー不在になってしまうのが現実です。1対1CATの時間も、ほとんどの営業部が限りなくゼロに近い状態です。はっきり言って、Pで1対1CAT時間を設定しても、実態は絵に描いた餅状態になっているのです。

このような営業部では、営業マネジャーが部下全員をマネジメントすることは期待できません。そこで代替策として、二人一組のシスター制を導入します。たとえば、営業マネジャーも含めて6名の営業チームであれば、マネジャーも含め二名一組を3チーム作ります。できるだけ先輩と後輩の組み合わせになるようにして、お互いにチェックしあい、助け合うのです。もちろん、先輩が後輩の1対1CATを実施してあげてください。Pの章で書いているとおり、丁寧に取り組んでほしいのですが、シスター制のメリットは、1対1相手は1名なので30分程度しか時間を費やさないことです。これで多少はプレイングマネジャー制のデメリットをカバーでき、緊張感が少しは高まります。

三つ目の「計画実行結果の日次全員可視化、共有化の徹底」とは、ベタなやり方ですが、営業部オフィス内の誰もが目にする壁に、日次の実行結果グラフを貼り出すことです。適当な壁がなければ、みんなの目につくように天井から吊るしてもかまいません。

大学時代のアルバイト先で、面白い体験をしたことがあります。営業部の天井から「早く人間になりたいグラフ」という、手書きのグラフが吊るされていました。それには当時の人気漫画『妖怪人間ベム』の全身が大きく描かれていて、受注のたびに足元からお腹、胸、顔と色が塗られていきます。頭のてっぺんまで色が塗られたら「人間になれる」というアイデアです。営業部員たちは、「月末になっても人間になれないのは情けない」というモチベーションにあふれ、全員が楽しげに働き、早々に受注目標を達成していました。とても明るいオフィスでした。

しかし、いまの時代、「グラフはカッコ悪い」「ネットで管理すればいい」等々、グラフを貼ることに抵抗感を持つ人が多くいてもおかしくありません。ネットで管理するのが**いま風**です。その場合は、「達成しなければグラフを貼り出すので、それが嫌なら達成すること」と逆手に取るのも一計です。それで実際に達成できれば言うことなしです。**グラフを貼ることが目的ではない**のですから。「グラフが嫌だから、Dは万全」が実現できれば、それはそれで効果ありです。

余談になりますが、「グラフは貼りたくないが、達成もしない」という人や組織は、厳しい世の中の負け組になる可能性が強くなるだけです。ごくまれに、「グラフを貼るのは嫌だ。目標管理も嫌だ」と、何も努力しない人がいます。そもそも、なぜその人を採用したのだろうかと思いますが、「カッコ悪くてもグラフを貼る」など努力をする人や組織との間で格差が付くのは、当然のことです。何かの縁があって入社してきた社員を大切にしようと思うなら、頑張る姿勢、努力する姿勢の重要性を教えてあげてください。

四つ目は、「上位組織による二重チェック」です。上位組織とは、チームに対する**課**、課に対する**部**というように上位の部署のことです。チーム内の単眼だけでなく、複眼的にチェックして、修正（追加）Pの実行を確実にすることが狙いです。チェック方法は1対1CATです。部長が課長やその部下に対して、課長がチーム長やその部下に対してCATを実施します。

しかし、現実的には、この策はそれほど効果を期待できません。上位組織の関心事は**結果数字**のみであり、結果を出すまでのプロセスでもがき苦しんでいる社員を何とか助けたいという気持ちが薄いからです。

「なぜ助けようとしないのか？」「なぜ育てようとしないのか？」と訊いても、上位組織は上位組織でやるべき仕事が多くあってそこまで手が回らない、という言い訳が返ってきます。やるための努力、工夫をしようという考えに至らないのが現実のようです。せめて、本書を読んでいるみなさんの会社は、**社員のプロセスを助ける**という温かい目を持ってくださることを願うばかりです。

Aの取り組みではチームワークが大切

Aの取り組み全般について言えるのは、チームワークが大切だということです。たとえば、修正Pによって商談フライト時間が10分増の250分になったとします。もともとアポ取りが苦手な人、あるいは商談能力が低くて継続商談数が少なくなる人は、焦りだけが出てきて空回りする危険性があります。専任マネジャーがいれば、アポ取りを手伝ったり、同行・同席商談を行ったりしてサポートできますが、プレイングマネジャー制の営業部では、期待できないのが現状です。

そういう場合は、同じチーム内で当初のPを十分に達成できそうな営業部員が、アポ取りを手伝ったり、同行・同席商談を行って成績が悪い営業社員の継続商談数を増やしたりして、チーム全体で乗り切るようにします。これはけっして理想論ではなく、実際に取り組まなければならないことです。「それでは本人のためにならないのでは？　自分のことは自分でできるようになるのを待つしかない」と突き放そうとする営業関係者が多くいますが、その考え方は決定的に間違っています。「自分でできるまで待つ」とは、いつまで待つのか？　10年か？　永遠に待つのか？　現実論として、年度目標の達成を目指すのであれば、待つ時間はありません。営業部の総力を挙げて年度目標達成という営業部としての責務を果たし、会社の発展と社員全員の給与の保証をすることが先決です。

そして、次の理由が最も大切ですが、天才でない限り、**解決を本人に任せてうまくいくなどということは、ただの絵空事**にすぎません。本当に自分で解決できるのであれば、教育しなくても、マネジメントしなくても、ほとんどの社員が優秀な社員に成長するのではないでしょうか。そのようなことがまれであることは、世の中の現実が証明しています。

人の成長は模倣のプロセスとともに、少しずつ進むのです。営業マネジャーやチームメイトに手伝ってもらい、指導してもらっている間に、徐々に、模倣すべきことを覚えて、成長していくのです。Ｉの章で、脳科学で証明されている成長理論をわかりやすくまとめているので、参考にしてください。

にわか能力強化策の幻想

Ａの実行計画において、修正Ｐという**量**ではなく、能力強化という**質**に目を向けるケースが多く見られることも、指摘しておく必要があります。結論を言えば、年度目標を達成するための「にわか能力強化策」は幻想です（能力強化については、「もう一つのＧの章」で「にわか」ではない本格的なやり方を説明しています）。

Ｐの目標を達成できない営業社員が、年度内に目標達成できるほどの能力をスピーディに身につけることは、残念ながら、コンサルティングの経験上、ほぼないと断定できます。

たとえば、「より粘り強い商談ができるようになる」「お客様の意向をより正確につかみ取るようにする」「コミュニケーション力を強化して商談に対処する」等々の能力強化策は、社員の成長を図る観点からは、必ず取り組まなければならない課題です。しかし、それは年数をかけて堅実に、という条件付きになります。１万時間の練習を積み上げて、と言い換えてもかまいません。

質の向上を甘く見ないことです。年度内に変身できるのであれば、営業社員は数年で全員が優秀社員です。すべての会社で人材育成の悩みはなくなります。現実はそうではないことを、よく理解することです。

Aは自分超えへの挑戦でもある

Aは、Pよりも厳しい計画値になるのが大半です。商談能力はすぐに伸びないので、商談時間、もしくは手厚いマネジメントでカバーしなくてはなりません。商談時間は練習時間でもあるので、長い目で見れば能力強化に大いに役立ちます。手厚いマネジメントも数多くのアドバイスを吸収できるので、能力強化に最適です。それでも、実際に活動する営業社員は、かなり厳しい条件を突き付けられたな、というイメージを持つのではないでしょうか。

しかし、ここでの辛抱は必ず報われます。それは、**「できない言い訳」からおさらばした、仕事のできる自分に出会える**可能性が高まるからです。できる人とできない人の最大の違いは、困難なことに対して、「できない言い訳」をして逃げるか、「やるための努力と工夫」で立ち向かうか、どちらの行動をとるかで決まります。人は、困難に立ち向かうたびに、「やるための努力と工夫」で知恵を出せるようになれば、成長を約束されたようなものです。

Aの改善実行に立ち向かうことは、自身の一段高い成長を促すためのハードルだと考え、逃げ出さないでください。自分に克つことで、自分を超えることができます。

そのように考えると、Aは自分超えへの挑戦のステージになるのです。

Gの章　新しい概念G

Pの章　PDCAの成否を決定づけるP

Dの章　将来の成長への道標

Cの章　PDCA運用の鍵を握る

Aの章　目標達成の最後の砦

業績強化PDCA

もう一つのGの章　能力強化もPDCAで

付録　Iの章　PDCA以外の重要な営業知識

能力強化PDCA

日本企業の社員育成投資は米国企業の5%以下

長年、営業コンサルティング事業に携わってきて、どうにも奇妙に感じることがあります。それは、営業社員の能力強化の必要性、重要性は、どの会社も重々承知しているはずなのに、本気になって取り組んでいる会社はあまりない、ということです。

そのことは、国の調査からもわかります。日本企業の場合、人材育成への投資額（能力開発費）は、欧米先進諸国と比較して10分の1以下しかなく、断トツに低いというデータが厚生労働省から発表されています（平成30年版労働経済の分析）。特に、米国と比較すると、米国企業の能力開発費が約32兆4100億円であるのに対して、日本企業は約5000億円です。絶対額比較では、たったの1・5%です。GDP規模は米国が約3倍ですから、その相対比較で換算しても、約4・5%にしかなりません。なぜ**日本の企業は、人材育成に予算を投じない**のでしょうか。

予算編成は会社の意思を表す指標なので、言葉でどのように言い繕っても、日本企業が社員の能力開発を軽視していることは明らかです。終身雇用中心の日本企業が社員育成に投資せず、キャリアアップ転職が常態化している欧米企業が社員への教育投資を惜しまないという現状には、これほどアイロニーなものはないとの印象を持ちます。

金にものを言わせていたバブル期に、日本企業は国際市場で独り勝ちしているかのごとき錯覚に陥っていましたが、バブルが崩壊すると一部の企業を除き、国際市場でまったく勝てなくなりました。その根本原因は人材の差です。人材を育てていなかったからです。

営業の話に戻しましょう。営業という仕事は会社の売上げ・利益を左右するだけに、営業社員の人材育成は絶対不可欠のものだということは、営業関係者や経営者であれば誰でも知っていることです。しかし、現実には、営業社員教育に多額の予算を組んでいる会社はほとんどありません。

その原因の一つとして、ＯＪＴに対する誤解、理解不足があるのではないかと私は考えています（Ｐの章で詳述しました）。明らかに、「商談現場を経験させることが最高の教育だ。そして、それがいちばん安上がりだ」と信じている営業関係者が多いからです。

このような現状を考えると、「会社はなんともったいないことをしているのだろう。営業人材の育成に予算を投じ、能力が強化された営業社員たちで営業部を運営すれば、いまの3倍、4倍の売上げもありうるだろうに」とため息が出ます。欧米ほどコンサルタントが活用されないのも(特に中小企業で)、この予算問題が大きいのでしょう。

残念ながら、現状の低予算編成が続くとしても、これから説明する**能力強化のためのPDCA**は重要な実効策です。営業人材育成の効果を最大限に引き出すことができるからです。私が持つ人材育成ノウハウの大公開です。

能力強化PDCAという新しい発想

本章のタイトルにした「もう一つのG」とは、能力強化PDCAに関連することです。折込ロードマップの「能力強化PDCA」を参考にしながら読み進めてください。よりわかりやすくなるはずです。下段の「必要能力パーツ一覧」は、Gで選定する強化能力パーツの候補一覧です。営業プレイヤー別、営業マネジャー別に、必要とされることの多い基礎能力パーツを列挙しています。

営業プレイヤー編の能力パーツ基本構成は、次のとおりです。

Ⅰ 商談進捗能力
Ⅱ 仕事遂行能力
Ⅲ 知識資格能力
Ⅳ 業績・プロセス連動総合能力

営業マネジャー編の能力パーツ基本構成は、次のとおりです。

Ⅰ マネジメント能力
Ⅱ 仕事遂行能力
Ⅲ 知識資格能力
Ⅳ 業績・プロセス連動総合能力

折込ロードマップを見てわかるとおり、Ⅰの部分が大きく違うだけで、ほかの能力については原則同じです。また、この能力パーツは、各営業部の個別の事情によって追加、削除があって当然です。重要なことは、**能力パーツという概念を持つこと**です。

能力強化PDCA

Goal	
強化目標達成	
〈プレイヤー能力パーツ構成〉	〈マネジャー能力パーツ構成〉
Ⅰ 商談進捗能力	Ⅰ マネジメント能力
Ⅱ 仕事遂行能力	Ⅱ 仕事遂行能力
Ⅲ 知識資格能力	Ⅲ 知識資格能力
Ⅳ 業績・プロセス連動総合能力	Ⅳ 業績・プロセス連動総合能力
※得意能力パーツの組合せで、人の総合能力が変動する	
※プレイヤーとマネジャーは、Ⅰのパーツ構成のみ異なる	

みなさんも、本書を読みながら、自社に必要な**能力パーツ**には何と何を追加し、何と何を削除するのがよいだろうか、と考えてみてください。**能力パーツ**を意識することが、能力強化に真剣に取り組むための大切な第一歩になります。

能力をパーツの集まりとして捉えるのには重要な意味がある

まず、想像してみてください。あなたは陸上競技のコーチです。預かった選手を100m走で国際大会に出場できるレベルに育て上げる約束をしました。可能であれば、オリンピック出場も視野に入れたいと意気込んでいます。さて、あなたは、選手にひたすら100mだけを走らせますか？

そのようなコーチは1人もいないでしょう。100m走で国際レベルに達するためには、少なくとも次の三つの能力カテゴリーについて鍛えなければならないからです。

- スタートダッシュ力
- トップスピード力

●スピード持久力

まず、1年以内にスタートダッシュ力、トップスピード力、スピード持久力をそれぞれどのレベルまで引き上げるかという目標（G）を定め、そのレベルに到達するための強化練習計画（P）を立てる必要があります。

これら三つの能力カテゴリーが、営業の四つの能力構成に該当すると考えてください。そして、100m走の三つの能力カテゴリーは、その能力を強化するために必要な筋肉の部位能力（必要能力パーツ）で構成されており、それらの部位能力を強化するために個別の練習が必要になってきます。

レベルが上がるに従って、強化が困難な必要能力パーツの進捗結果が大きく影響してきます。「この筋肉をもっと鍛えなければ、スタートダッシュ力でいま以上の高いレベルを求めるのは難しい」というイメージです。

必要能力パーツを鍛えるために、練習量と練習方法を具体的に決める必要があります。日次でどうするのか？　週次では？　月次では？

必要能力パーツごとの具体的な練習量と練習方法が決まったら、休息日以外は、計画（P）どおりの練習漬け（D）になります。練習を本人任せにすると、よほど意志が強くなければ、計画（P）どおりに練習（D）をしないかもしれないので、チームを組んでの合同練習や、コーチとのマンツーマン練習のスタイルをとるのが一般的です。営業のように、「本人に考えさせる、任せる」ということはしません。失敗する確率が上がるからです。

その後、タイミングを見計らって目標（G）達成度と計画（P）と練習実態（D）の因果関係を調査・検討（C）します。目標（G）達成度が予定よりも遅れているようなら、その直接的要因と間接的要因を整理（C）し、練習計画の見直しと、遅れを取り戻すための改善練習（A）を実行します。

以上の一連の流れを繰り返して、１００m走の総合力を国際大会レベルにまで高めていくことになります。

これはテニスでも同じです。少なくとも、サーブ、フォアハンド、バックハンド、ボレーの四つの能力カテゴリーに分類し、それぞれの能力カテゴリーを強化するために、さらに細分化した必要能力パーツをラインアップします。そして、各々の必要能力パーツの中で強化すべき優先順位を設定（G）し、練習内容を策定（P）し、実際の練習実行量（D）と調査・検討（C）、再計画策定と改善練習実行（A）を繰り返すことで、総合能力を高めていきます。

このように整理すると、一口に能力向上と言っても、強化すべき能力パーツをラインアップすることなしに、何となく能力を上げることはできない、ということがわかります。**強化すべき能力パーツという概念を意識することが、能力強化の原点**であることを忘れないようにしてください。

それでは、長年のコンサルティング経験で得た**強化すべき能力パーツ**について、一つ一つ説明していきます（説明の順番に意味はありません）。たとえスーパー営業社員がいなくても、最強の営業部を作るための重要な**本文パーツ**です。

営業プレイヤーが商談進捗で必要になる能力パーツ

アポ取得能力

商談相手がルートセールス先であれば、アポ取得能力を強化する優先順位は低くなりますが、新規開拓営業が中心の場合は、アポが取れないことには商談が始まらないので、重要能力パーツの一つになります。

アポ取りの手段としては、電話、メール等ＩＴツール、飛び込み等があります。

それぞれにメリット、デメリットがあります。電話やメール等ITツールの場合は、飛び込みよりは総じてアポを取りやすいというメリットはあるのですがどちらの方法をとるにせよ、しっかり移動方向を計算してアポを入れるようにしなければ、移動時間が非効率になりやすいので注意が必要です。

飛び込みの場合は、まったくその逆になります。移動時間効率は最高ですが、慣れるまでの商談効率が悪いのが一般的です。

いまは、Ｚｏｏｍ等を使ったリモート対面商談という新しい商談スタイルも出てきました。その利便性や効率性については、事例データがまだ不十分なため確定的なことは言えませんが、リモート対面商談の活用によって移動時間を削減できる

Ⅰ商談進捗能力	
1	アポ取得能力（飛込・アポ取得等）
2	事前準備能力
3	コミュニケーション能力
4	提案書作成能力
5	現状分析能力
6	5W3H共有化・明確化能力
7	シグナルキャッチ能力
8	洞察能力
9	誤謬発見・修正能力
10	ニーズ・ネックコントロール能力
11	次アポ取得能力
12	縦軸横軸活用能力
13	知識引出能力
14	知識応用（アドリブ）能力
15	クロージング能力
16	アフターフォロー能力
17	第一印象（初頭効果）能力
18	第二印象（ヒアリングスタンス修正）能力
19	その他会社独自に求められる能力

ことは、大きなメリットではないかと考えています。

アポ取得能力の強化方法は、とにかく地道に経験量を増やすことです。そして、アポ取りの際に定期的にコーチがつき、1対1CATを繰り返すことは最低限必要です。それ以上の練習量と練習方法については、営業部の現状分析を行ったうえで、特に必要度、緊急度の高い取引先、商材について、1対1CATを軸にした強化策を実行していきます（後に列挙するすべての能力パーツについても同様ですが、営業部ごとにカスタマイズしない限り、正確なことは書けません。一般的な練習量、もしくは練習方法が明確な場合、可能な限り書くように努めます）。

事前準備能力

飛び込みで顧客を訪問し、幸運にも即アポ（その場ですぐに商談に応じてもらえる場合を「即アポ」と言う）になったとき以外は、商談の当日までに必ず時間があります。その時間を利用して、アポ取りのときの応対の感触など商談相手の情報分析を行い、商談の作戦を事前に準備しておくことが大切です。それをしっかり行えるのが事前準備能力で、単に持参する資料をカバンに入れておくようなことを指すのではありません。

特に、継続商談の場合はハイレベルな事前準備能力を必要とします。クロージングまでの道のりを想定し、商談相手の回答内容によって何パターンかの指し手を考えておきます（将棋の3手先、5手先を読むのに似ています）。

高度でかなり有効な事前準備テクニックがあります。それは、継続商談案件であることを商談相手に思い込ませるための仕掛けです。つまり、次回の商談に向けた宿題を、双方に用意するのです。商談相手に宿題を出すことは、次回のアポを意識してもらう効果が特に大きいので、クロージングまでの商談スキームが順調に推移します。

強化方法としては、営業部で参考例として引き継がれてきたケーススタディを、可能な限り研究することです。そのためには、ケーススタディを集めた営業マニュアルを作成し、文章で残すという会社側の準備も必要です。

コミュニケーション能力

商談のやり取りの能力を指しますが、この能力は相当に奥が深いと考えてください。「Ⅱ仕事遂行能力」の五つの国語能力と密接に絡むので、よく読んで対応してください。ただし、話し上手、聞き上手であることも重要なポイントですが、それだけで商談がうまく進む保証はありません。相手のヒアリングスタンスが肯定寄りか、否定寄りか、ということも商談の成否に大きくかかわってきます。ここではヒアリングスタンスを深掘りしていきます。

ヒアリングスタンスというのは耳慣れない言葉かもしれませんが、言い換えれば、こちらの提案や意見を相手が好意的に聞いているかどうか、ということです。みなさんも嫌いな人の意見は、どんな内容でも否定的に受け止めるのではないでしょうか？　当然、商談を成功させるためには相手に肯定寄りのヒアリングスタンスをとらせたいわけで、コミュニケーションによってそう仕向けられる能力が必要になります。

折込ロードマップ「Ⅰ商談進捗能力」の18番目に「第二印象能力」が出てきますが、これはヒアリングスタンス修正能力と言い、コミュニケーションだけでなく、それ以外のさまざまなテクニックを駆使して、相手のヒアリングスタンスを修正していく能力のことです。

この能力パーツを鍛えれば、商談相手のヒアリングスタンスを変えさせることが可能になります。そしてヒアリングスタンスが肯定寄りになると、受注率が格段に上がります。

提案書作成能力

提案書は作り方次第で商談の大きな武器になります。

それには、エグゼクティブ・サマリーというシートを1枚作成し、提案書の表紙にすることが肝要になります。エグゼクティブ・サマリーとは、提案内容の概要、全体像の要約を、要点を絞って簡潔に、かつ読みやすいレイアウトで1枚にまとめたものです。

それを商談に活用する理由は簡単なことです。提案書が必要になるのは、商談相手に説明するときだけではありません。商談相手に決裁権がなく、社内稟議を通す、取締役会で提案する等々のプロセスを経て、上層部の決裁を取るときにも必要になるからです。

商談に同席していない上役が、何ページにも及ぶ提案書を熱心に読むでしょうか？　提案書の訴求ポイントを、商談相手がうまく説明できるでしょうか？　まず期待できません。そこで、商談相手が決裁を仰ぎやすいように、エグゼクティブ・サマリーのような簡潔にまとめた文書を表紙として用意してあげるのです。

官庁のように「頁数が多いことが努力の証」という意味のないことが決裁判断の重要項目であれば別ですが、そうでない限り、1枚あれば十分です。そこに提案の主旨、自社商材の魅力、訴求ポイント等を簡潔にまとめることで、2頁以降を流し読みされても、きっちりと訴求できていることが重要なのです。

とはいえ、1枚に見やすくまとめる作業は、想像以上に困難を極めます。高いレベルのスキルを必要とするからです。

この能力パーツはかなり訓練しなければなりませんが、一度身につけるといろいろな場面で使え、応用の利く能力パーツです。

強化方法はいくつかありますが、最低限取り組むべきなのは、ほかの人が作った優れたエグゼクティブ・サマリーを集め、研究し続けることです。

なお、提案書の作成に時間を費やしすぎるのも問題です。それによって商談フライト時間が短くなってしまうからです。コンサルティング先で実際にあったのは、商談フライト時間の1日平均が90分で、提案書作成時間が150分という悪い働き方バランスです。「提案書は商談に必要なものだから、提案書を作成している時間には商談している時間と同等の価値がある」と勝手な解釈をしている営業社員が大勢います。提案書作成には、どうやらそういう悪魔のささやきがあるようです。**提案書を早く作成することも大切な能力**です。

現状分析能力

思い込みを排除し、データ、エビデンス、具体例など、客観的事実を積み上げて分析できる能力のことです。わかっていても、思い込みでつい判断したくなるのが人の常ですが、それでは詰めが甘くなります。また、相手を説得したり、決断を促したりする際にも、強力な武器になりえます。

たとえば、客観的事実を積み上げた結果、失注確率がかなり高い案件があったとします。このとき、現状分析能力に乏しくて客観的事実がわからなければ、「商談相手はいつも優しく接してくれるから、最後は当社を選ぶはずだ」と自分の印象で勝手に思い込み、それを根拠に「受注確率は8割ぐらいです」と上司に報告してしまうケースをよく見ました。「受注確率は2割」という報告であれば、上司も何らかの策を講じようとしますが、「8割であれば安心だな」と考えてしまいます。そして、何の挽回策も講じることなく時間だけが過ぎていき、気がついたら他社に受注を取られていた、という結末を招くことになります。これなど、現状分析能力不足の典型例と言えます。

強化方法については、1対1CATで、「なぜ？」「なぜ？」「なぜ？」と確認し続けることが最適だ、ということのみ書いておきます。

5W3H共有化・明確化能力

What Who When Why Where Howの5W1Hは、物事を考えたり、何かを伝えたりする際の基本的なフレームワークですが、営業分野では5W1Hよりも5W3Hをよく使います。増えた2Hは、How muchとHow manyです。金額と数量でいかにも営業らしい発想です。しかし、現状はと言うと、5W1Hですら不鮮明なまま商談を進める営業社員が多いのです。特に、何を（What）、いつまでに（When）、どうするのか（How）をあいまいにする営業社員が増える傾向にあります。

明確にすることで商談がストップしてしまうのではないかと、無意識のうちに恐れている人が意外に多いということが、コンサルティングの経験でわかっています。こういう態度は**先送り**と言わざるを得ません。あいまいに商談を進めて**先注を招くこと**のほうを恐れてほしいものです。

シグナルキャッチ能力

商談は駆け引きの連続です。商談相手がすべて本心を話すとは限りません。それは営業側に配慮した結果、ということもあります。たとえば、競合する3社が営業をかけているとして、あからさまに、「営業の方々の中で、あなたの能力が格段に低いので、商談をしていてもまったく面白くない」とは言いません。営業担当がかわいそうだと思うからです。だから、上司の友人がB社にいるとか、仕事の発注そのものが見直されそうだとか、遠回しに商談継続が困難になりそうな気配を伝えようとします。

真実を告げられた営業社員は悔しい思いをするかもしれませんが、商談の受注確率を正確に読むためにも、相手の本心をきちんと知らなくてはなりません。そのために、商談相手の意思がわかる何らかのシグナルを出してもらえるように、誘導する必要があります。

たとえば、よくあるパターンですが、商談相手から「私は御社をぜひともと推しているんだが、上司があまり乗り気でなくて」と言われ、なかなか商談が進捗しないことがあります。この場合、さりげなく『弊社も部長を同席させるので、その上司の方にご挨拶させていただけないでしょうか』と尋ねてみてください。その返答こそが真実のシグナルである確率が高いと言えます。なぜなら、いろいろと理由を付けてセッティングしなければ、乗り気でないのは上司ではなく、その商談相手だからです。本当に「ぜひともと推している」のなら、営業相手の部長の力を借りてでも、商談をまとめようと挨拶のセッティングをしたがるはずです。

また、商談相手のコミュニケーション能力が低く、意思がよくわからないこともあります。そのような場合は、ＹＥＳかＮＯかの答えを引き出せるような質問を積み重ねることで、相手の意思を整理しながら把握する必要があります。この手法もシグナルキャッチの一つです。

このように、相手の真意を会話から明確にキャッチできないとき、その威力を発揮するのがシグナルキャッチ能力です。成績に差をつける重要な商談進捗能力の一つです。

この能力を強化するためには、相手の話を聞き漏らさない練習をしなければなりません。また、相手の話を整理することで見えてくるシグナルを引き出す練習も必要です。それには、日本人には馴染《なじ》みが薄いかもしれませんが、ディベート練習が最適です。

洞察能力

洞察とは、目に見えることから想像力を働かせて、目に見えない本質を捉えることです。たとえば、会議テーブルが並んでいる商談フロアがあったとします。いつもは、フロア内のすべての蛍光灯がついていたのに、最近は、商談をするテーブルの上しかついていないことに気づきました（ここまでは観察能力）。そのことから、経費を節約しなければならない状況なのではないか？　と推測することを洞察と言い、洞察したことが当たる確率が高いほど、洞察能力が高いということになります。

よくある商談事例を考えてみましょう。これまでは次のアポの設定に必ず応じてくれていた商談相手が、「これからひと月ほど忙しいので、1か月後にお電話をいただけますでしょうか？」と、いつもとは違う対応をしました。にもかかわらず、「はい、わかりました。それでは1か月後に電話させていただきます」と素直に受け取っているようでは、洞察能力に欠けると言わざるを得ません。正直に約束を守り、1か月後に電話をしたときには、既に勝負は終わっており、他社で決まっていた、というのはよくある話です。こういう場合は、「他社の検討に集中しようとしているのではないか？」と推察することが肝要です。そのように推察することで危険を察知し、上司の知恵を借りてでも、何らかの手を事前に打つことが可能になるのです。

私は、よくあるこのような事態を、**月の裏側の動き**と呼び、絶対に見ることができない月の裏側で、商談相手がどのように動き、考えているかを洞察することの大切さを、かつて拙著で指摘したことがあります（『営業は売ってはいけません』日経ＢＰ社）。

誤謬《ごびゅう》発見・修正能力

耳慣れない能力パーツかもしれませんが、この能力の重要性に気づいていない営業関係者は意外に多いと思います。

誤謬とは、「間違い」の漢語的表現です。あまり知られていませんが、商談がうまく進捗しないとき、商談相手の誤謬が原因になっていることが、ままあります。

商談がうまく進捗しない原因を、あらためて整理してみましょう。

- 営業社員の商談能力が低い
- 既に同業他社が優勢の状態から商談を始めた
- 商談相手の社内（家内）根回し能力が低い
- 商談中に信頼を損ねることをした
- 商談相手の誤謬により営業側の商材の評価が不当に低くなっている

商談が滞る原因に、５番目の「相手の誤謬」があることを、営業社員は知る必要があります。商談相手はいつでも正しいとは限らないのです。ヒアリング能力がかなり弱い人もいますし、重要なポイントで誤解をする人もいます。自社にとって悪いほうに誤解されている状態が続くと、受注確率を確実に下げてしまいます。

商談中の営業社員は、頭の中をフル回転させてください。重要なポイントで相手に誤謬がないかを確認しながら商談を進めることは、大切な知恵です。誤謬を発見し、正しい知識で商談相手に判断してもらうことを心掛けるだけでも、受注確率は確実に向上します。

ニーズ・ネックコントロール能力

この能力パーツは、商談進捗能力の4番バッターと言っていいぐらい重要です。クロージングの基本理論は、ニーズとネックのバランスにおいて、ニーズがネックより大きくなることです。ネックがニーズより小さくなる、と言い換えてもよいでしょう。したがって、「商談とは何をすることか?」と問われれば、「ニーズを喚起し、ネックを解消すること」と答えるのが正解です。

営業センスが抜群の営業社員は、この部分に関するセンスが特に優れています。しかし、センス抜群の人は数パーセント程度で、少数派です。ほとんどの人は、この能力パーツを強化するために、時間をかけて入念な準備をしなければなりません。その効果的な練習方法は、ケーススタディを基本とした頻度の高い想定問答を完璧に覚えることです。また、将棋で言う3手先まで、商談相手の性格や環境等を考慮のうえシミュレーションをしておくことが大切です。

この機会に、1手先、3手先の意味を整理しておきます。

1手先……営業側の最初の対応（発言）
3手先……商談相手の想定される複数の反応に対する営業側の打ち手（発言）

1手先の説明は省きますが、3手先で重要なことは、想定反応を最低でも三つ以上は考えることです。好ましい反応の場合、普通の反応の場合、悪い反応の場合、というのが一般的です。

通常、営業社員たちは商談中にニーズとネックのバランスを計算しながら、忙《せわ》しなくやり取りをすることはありません。商談相手も、同じく意識していません。しかし、相手の決断結果は、「ニーズ・ネックバランス」理論ですべて分析できることを覚えておいてください。（コラムDで詳述）

コラムD

ニーズ・ネックバランスのイメージ

ニーズもネックも形があるものではないので、「ニーズがネックを上回れば受注になる確率が高くなる」と表現しても、ピンとこない人もいると思います。そこで、コラムを利用して解説します。

まず、ニーズ・ネックバランスのイメージ図（次ページ図5）を見てください。ニーズのほうがネックより重くて、天秤がニーズ側に傾いているイラストがあります。このような感覚が受注のイメージです。ただし、大切なのはニーズの数とネックの数で決まるものではないということです。たまに営業関係者が、「解決すべきネックがあと一つになった、お客様が契約したがっているニーズはたくさんあるので、もう決まったようなものだ」と考え、隙を見せることがありますが、数が重要だと考えていると、こうした勘違いをしてしまいます。

数は関係ありません。

お客様の頭の中に占める面積の大小だと考えたほうが、近いと思います。つまり、イラストのように〝重さ〟が大切なのです。いくらニーズが多くても、ネック一つの重さのほうが勝れば、受注に至る確率は低いと考えるべきです。コラムEで説

図5

ニーズ・ネックバランスのイメージ

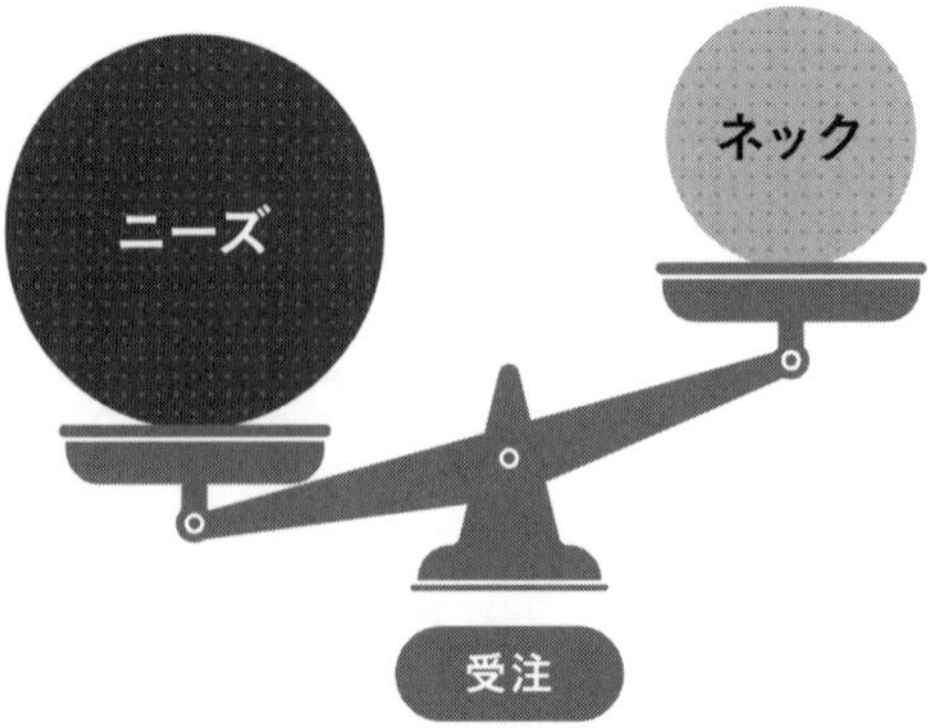

ニーズ ≧ ネック ＝ 受注

ニーズ ≦ ネック ＝ 失注

ニーズ ≒ ネック ＝ 保留

明していますが、ラストクロスロード（最後の岐路）に該当するネックがあれば、どれだけニーズを増やしても、そのラストクロスロードを正しく突破しない限り、商談は成立しません。

もちろん、ラストクロスロードがニーズである場合もあります。この場合は、そのニーズをうまく引き出すことに成功すれば、お客様の頭の中のネックの比重が軽くなり、ネックを解決しなくてもイラストのような状態になります。

どちらにしても、ニーズとネックは相関関係にあり、そのバランスが一方に傾いたときに商談の決着がつくということです。ちなみに、ネックの代表格に、「同業他社にほぼ契約意思が傾いている」「営業担当者、およびその会社を信頼していない」というものがあります。お客様も紳士的に商談に臨んでいますから、それらのネックについてなかなか本心を明かしません。ネックがわからず商談が進捗しないのは、そのようなときなのです。

次アポ取得能力

次アポとは、商談中に次の商談日時まで決めたアポのことです。後日あらためて入れる単なる**アポ**と、言葉を使い分けています。

即断即決勝負の商談以外は、すべて継続商談が必要になります。当たり前のことですが、それには次アポを取っておくほうが有利です。商談能力が営業部内で下位20％の営業社員は、次アポ取得率が10％未満であることが判明しています。

次アポが順調に入る商談は、統計的に、受注確率が高くなります。そのことは、営業される側の立場で考えればよく理解できます。アポイントそのものは、商談相手の業務時間を営業側のために確保してもらうことです。「発注する確率は低いだろう」と見極めた企業の営業担当に対して、気前よく次アポを受け入れることはまずありません。**次アポは受注の可能性が残っていることを示すシグナル**なのです。

次アポが確実に取れるような商談は、受注確率が高いと考えてよいでしょう。なかなか取れない場合と比べると、その差は2倍以上になります。その場ではなく、後日電話でのアポ取りを要請されるようでは、受注確率は一歩後退です。「今月内は忙しいので、来月に入ってからあらためて」と先延ばしされますし、なかには居留守（不在を装《よそお》うこと）を使って電話に出ない人もいるぐらいです。メールへの返信もありません。

商談さえ順調に継続していれば、劣勢であっても逆転の可能性は残ります。したがって、受注獲得をあきらめない商談については、アポではなく**次アポ**で確実に継続させることが大切です。

次アポ取得の目標は、総商談件数の40％以上です。次アポは多いに越したことがないと思いがちですが、商談件数の60％を超えるとやや窮屈になり、80％を超えると急ぎのアポや仕事が入りにくくなって危険信号です。したがって40〜60％が理想的なのです。

また、次アポが取れない商談は成約確率が低いと考えられますが、それでもあきらめたくなければ、「なぜそうなったか？」というネック分析をスピーディに行ってください。一度下向きになった商談の受注確率は、日を追うごとに低下するからです。

もう一つ補足すれば、次アポ取得の際、相手に何らかの宿題を出すようにしましょう。受けてもらえれば、商談の進捗が好転する可能性が高まります。たとえば、商材のサンプルを渡して、次の商談まで数名の社員に利用してもらい、その感想を聞いてもらうよう依頼します。受け入れてもらえれば、次回の商談ではより具体的な話を進められます。

縦軸・横軸活用能力

数多くの営業社員を診てきましたが、この能力についてはかなり個人差があるという印象を持っています。できない人は、まったくできない状態です。

縦軸活用とは、商談窓口の担当者から見て上司、その上役そして社長まで、ときには部下への接触を、意図を持って行うことです。意図とは、「受注確率を高めるために」ということです。「念を入れて、決裁者にご挨拶したのか？」と確認する営業マネジャーもいると思いますが、この指摘は正解です。商談窓口の人がどれほど乗り気であっても、肝心なのは決裁者の意思です。ライバル企業が決裁者に直接商談を仕掛けていれば、いつ逆転されてもおかしくありません。

なお、法人営業だけでなく、個人宅向け営業の場合でも縦軸活用は必要です。商談相手だけでクロージングできなければ、親や子供にもアプローチする柔軟な交渉の積み重ねが、成約に大きく影響するからです。

一方、横軸活用とは、商談窓口の部署とは異なる部署の社員たちと、同じく意図を持って接触することです。たとえば、社員の誰もが使用する商材を売り込んでいて、受注確率の劣勢が見込まれるようであれば、何らかの挽回策が必要です。その一つとして、サンプルを持ち込み、各部署で試用してもらう、という手が考えられます。実際に使用する社員の支持を得ることで商談状況を好転させる、というのが横軸活用の例です。個人宅相手の場合でも、近所や親戚の既契約者をうまくクロージングに活かすことが考えられます。

やってはいけないことは、縦軸・横軸を活用せず、商談窓口との交渉だけで失注することです。私はそういう失注を**窓口心中**と呼んでいます。

知識引出能力

「知識が豊富」と「知識力が高い」は、意味が違います。営業関係者が目指すべきは、どちらかわかりますか？　答えは、後者です。

営業の花形である**商談**という仕事は、原則、言葉のやり取りで進めていきます。資料や提案書を添えることはありますが、そちらが主役になることはありません。

主役は**言葉のやり取り**です。お客様への説明、訴求、お客様からの質問、疑問、相談、確認、叱責等々、いろいろあります。商談の場ではそれらの即席のやり取りが繰り広げられます。「それは会社に戻ってから調べてお答えします」というやり取りが必要なときもありますが、それを何度も繰り返していたら、営業担当者に対する信頼は失墜してしまいます。

知識力とは、商談のやり取りにおいて、最適な回答を、豊富な知識の中から瞬時のタイミングで引き出せる能力のことです。知識力と言うと**知識**と間違いやすいので、商談能力として使うときは**知識引出能力**という言葉に置き換えています。

知識は可能な限り**覚える**のが前提ですが、商談というやり取りをうまくこなすためには、ただ知識を覚えているだけではダメです。その場で、臨機応変に最適な知識を引き出すことができなければ、知識がないのと同じです。そういう気持ちで知識引出能力を磨くことがとても大切です。

強化方法は、商談フライト時間が鍵を握ります。覚えた知識をひたすら駆使して商談を続けることです。意図して能力強化を速く進めたいのであれば、商談シミュレーションを積み重ねてください。1対1CATで営業マネジャーと二人三脚のブレストやショートロープレを重ねれば、より効果的です。

知識応用（アドリブ）能力

知識応用能力とは、俗に言うアドリブ能力のことです。アドリブはその瞬間のひらめきなので、知識とは関係なくセンスが重要だ、と考えている人が多いと思いますが、そうではありません。アドリブこそ、基礎知識を正確に引き出して応用する能力が必要なのです。

たとえば、オーケストラ演奏で、バイオリンのソロパートでアドリブ（即興演奏）を任せられる人は、譜面どおりの演奏を完璧にこなせる人でなければ務まりません。そうでなければ不協和音の連続となり、演奏が成り立たなくなるからです。

商談も同じです。基礎知識をしっかりと身につけた人でない限り、アドリブはできません。脳科学においてアドリブとは、ひらめきを意味する**創造**ではなく、適切な知識を組み合わせる**応用**を意味します。

知識応用能力を磨くためには、次の3ステップを踏む必要があります。

第1ステップ……知識学習
第2ステップ……経験学習

図6

“考える力”が伸びる成長メカニズム

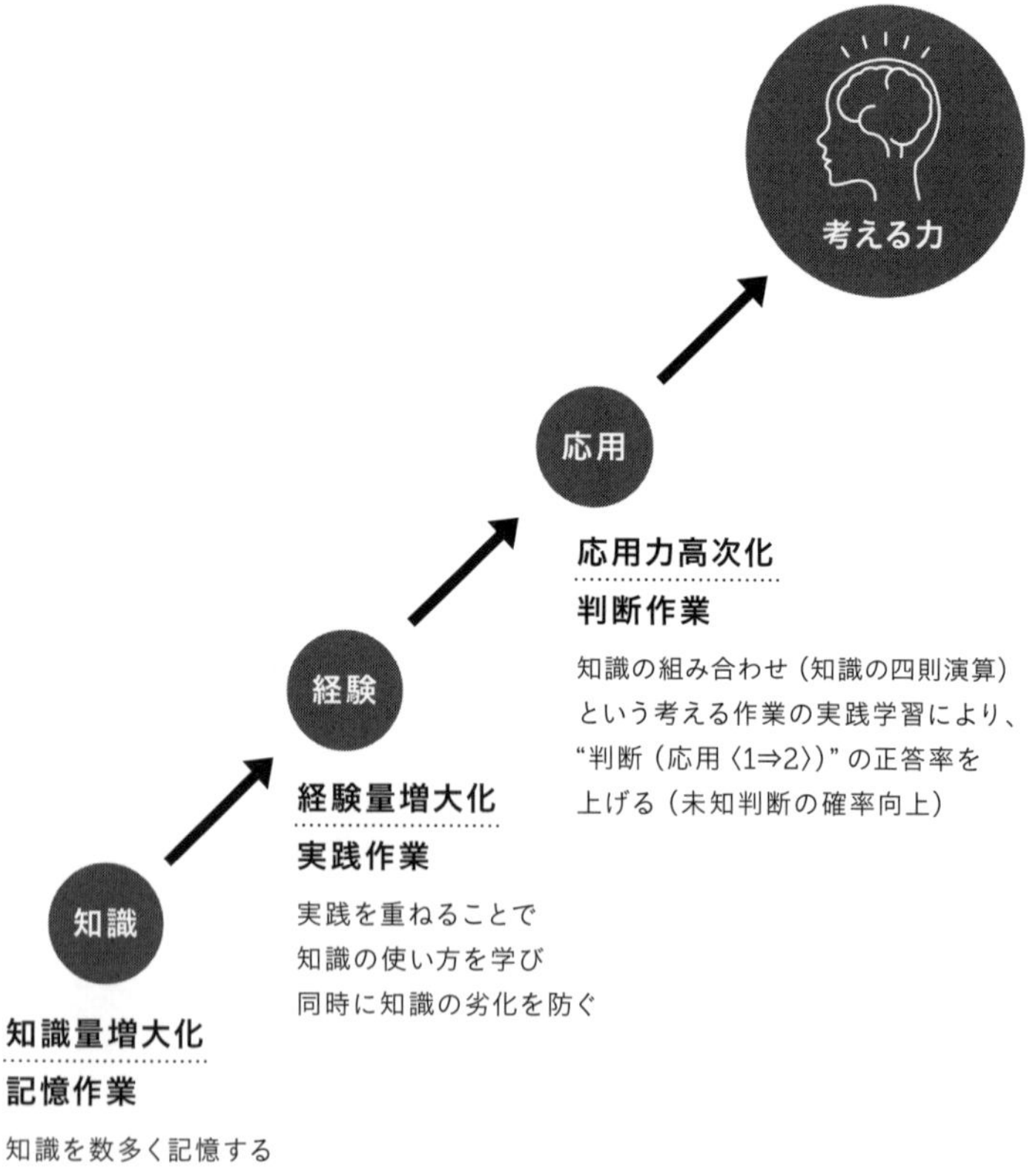
考える力
応用
応用力高次化
判断作業
知識の組み合わせ（知識の四則演算）という考える作業の実践学習により、“判断（応用〈1⇒2〉）”の正答率を上げる（未知判断の確率向上）
経験
経験量増大化
実践作業
実践を重ねることで知識の使い方を学び同時に知識の劣化を防ぐ
知識
知識量増大化
記憶作業
知識を数多く記憶する

第3ステップ……応用学習

商談の実践経験を重ねることで、覚えた知識の活用方法を学習する第2ステップの練習量（商談フライト時間）の違いが、知識応用能力を磨く第3ステップの成否を決定づけると考えてください。詳しくはⅠの章で説明します。

クロージング能力

商談の目的は、ずばり受注というクロージングです。この能力パーツは、実に不思議な能力です。

知識応用能力が高いからクロージング能力が高いとは限りません。コミュニケーション能力が高いからクロージング能力が高いとも限りません。押しが強いから……というのもつながりません。逆に、訥弁《とつべん》話法でしかしゃべれず、もどかしい商談スタイルなのに、クロージング能力が高いことはよくあります。得体の知れない能力というイメージです。

コンサルティング経験が豊富な私でも、クロージング能力を理路整然と説明することができません。それでも、次のたとえは的を射ているのではないかと考えています。

藤井聡太二冠（執筆時）という天才の登場で話題が絶えない将棋という勝負の世界は、どれだけ優勢で大詰め（商談でいうクロージング）を迎えても、一手指し間違えると逆転負けをくらうことがあります。クロージング能力とは、その一手を指し間違えない能力とたとえれば、ニュアンスが近いのではないかと考えています。

では、一手を指し間違えないためにどうすればよいのか？

私は、それを解明できるときが近づいているのではないかと考えています。Ｚｏｏｍ等リモートによる遠隔対面商談が増えてきたことが、その理由です。ポイントは、リモートツールの録画機能です。お客様の了承を得て、研究材料としてリモート商談の録画を数多く比較研究することで、理論的に解明できる日も近いのではないかと期待しています。

理論的にはいまだ解明していませんが、確実にクロージング能力を高める方法は、一つわかっています。Ｐの章で取り上げた同行・同席商談です。上司のクロージング現場を数多く見続けることで、その感覚が模倣できるようになるからです。同行・同席商談の重要性をあらためて思い出してください。

アフターフォロー能力

「釣った魚に餌をやらない」という慣用句がありますが、受注をした後、お客様に対する熱量が急速に減じる営業社員と、ホットな状態がずっと続く営業社員がいます。本人の性格が一つの原因でしょうが、鍛えることも可能な能力パーツではないかと考えています。

重要なポイントは、業種・業態に関係なく、取引顧客は最大の営業紹介者になりうるということです。個人も法人も同じです。また、ユーザーの立場から今後の改善点を提示できる、最大の商材開発アイデア提供者にもなります。

アフターフォローの取り組みを大切にしない営業部から、アフターフォロー能力のある営業社員は育ちません。営業部という組織がアフターフォローを大切にすることが、この能力パーツ強化の第一歩です。

第一印象（初頭効果）能力
第二印象（親近効果／ヒアリングスタンス修正）能力

商談は人間同士の直接的なコミュニケーションなので、印象というアナログな要素もその成否に大きく関与します。「顔は心のキャンバス」という元ＦＢＩ捜査官であるジョー・ナヴァロの言葉があります。商談は言葉で行いますが、印象は心で感じます。顔の印象ひとつで、誠実な言葉を吹き飛ばすこともありえます。それほど印象の力は大きいのです。

社会心理学的に言うと、印象は第一印象と第二印象に分かれます。第一印象は初頭効果と言われ、会ってすぐに抱く感覚です。３秒と言う人もいれば７秒と言う人もいますが、いずれにせよ対面した瞬間の印象です。

見た目、雰囲気など、ノンバーバル（非言語）的な要素が強いカテゴリーですが、清潔感、颯爽《さっそう》感等、好印象を与えるように努力することは大切です。女優が鏡を見ながら表情のトレーニングをするとよく言われますが、営業社員も自分の第一印象を良くするために、日頃から印象のチェックを行う努力が必要です。第一印象が良ければ、商談相手のヒアリングスタンスが肯定寄りからスタートしやすいので、商談進捗にとってはかなり有利になります。

第二印象は親近効果と言われ、コミュニケーションを繰り返しているうちに、印象が良くなっていくことです。最初は怖そうに見えたが、話しているうちに親近感が湧いてきた、といった感覚です。

一部の例外を除いて、大半の営業では何度も繰り返しコミュニケーションを取りますから、第二印象能力も重要です。良い印象を与える練習を繰り返す必要があります。第二印象の場合は、知識の豊富さ、真摯な対応、こまめな心配り、といったことで好転させられる機会が多いので、意識して取り組むようにしてください。第二印象が良ければ、悪いところからスタートしたヒアリングスタンスを修正することも可能になります。営業にとっては大きな武器です。

第一印象も第二印象も悪ければ、相手のヒアリングスタンスは間違いなく否定寄りになります。それではハンデを負いながら商談しているようなもので、商談の成果もおぼつかなくなります。

営業マネジャーがマネジメントで必要になる能力パーツ

データ分析・活用能力

営業マネジャーがやってはいけないことは、少なくとも五つあります。

- 部下の**できない言い訳**に耳を傾けてしまうこと
- 「何度言えばできるようになるんだ！」と部下を突き放してしまうこと
- 「自分で考えなさい」と指示するだけで、そのまま放置してしまうこと
- 褒めることよりも叱ることのほうが多いこと
- データ分析から得た結果よりも、自分の勘を優先してしまうこと

この5番目が、「データ分析・活用能力」に直接関係します。

なぜ、勘を優先してしまうのでしょうか？

簡単に考えると、データ分析やエビデンスに基づく判断材料がなく、勘しか頼るものがないからです。もし、勘のほうが間違いがないから、と本気で考えている営

業マネジャーがいたとしたら、よほどの天才でない限り、マネジャー不適格と言わざるを得ません。

会社の売上げ・利益に対して責任を持つ営業部のマネジャーが、リスクの高い勘に頼っているようではダメです。また、そのような営業マネジャーは、データ分析方法、エビデンス活用方法という重要な仕事のハウツーを部下に教えることができないので、人材育成にも悪影響が出ます。

本書でPDCAの運用方法を学習したうえで、営業ツールの日次分析、1対1CAT等に熱心に取り組むことが、この能力パーツを鍛えることにつながります。

Ⅰマネジメント能力
1 データ分析・活用能力
2 客観的評価能力
3 ナレッジマネジメント能力／ナレッジ収集能力
4 ナレッジマネジメント能力／形式知体系化能力
5 1：1 CAT推進能力
6 モチベーションコントロール能力
7 マネジメント・グリップ能力
8 ロープレ運用能力
9 褒叱能力
10 部下関心能力
11 部下仁恕能力
12 その他会社独自に求められる能力

客観的評価能力

客観的評価能力は、平たく言えば、「えこひいきしない」能力です。営業マネジャーも人間なので、部下に対する好き嫌いはあります。その感情と評価を客観的（理知的）に切り離せる能力が、客観的評価能力です。

自分一人がえこひいきをしても、組織が大きく傾くことはないと思うかもしれませんが、みんながそれをすれば、間違いなく組織はおかしくなります。人材が育たず、成績も上がらない組織に未来はありません。

よく一緒に飲みに行く部下の評価が高く、何かと口出しをする部下の評価が低い、という笑い話のようなことが、営業だけではなくすべての職場で実際に見られます。また、人材評価がマネジャーの派閥形成の道具になっては困ります。そうさせないためにも、会社は真剣にマネジャーの客観的評価能力を鍛えなければなりません。

営業部には、さらに深刻な問題があります。えこひいきを排除したとしても、ほとんどの会社では客観的な評価ができない、という事実です。なぜなら、営業成績と営業能力はリンクしないことが多いからです（ただし、営業活動がすべて単独の新規開拓営業であれば、営業成績と営業能力はリンクしやすくなります）。

たとえば、営業努力をさほど必要としない完全ルートセールスの大口取引先を担当している売上1億円の営業社員Aと、新規取引先を自力で開拓している売上2千万円の営業社員Bとでは、どちらの営業能力を高く評価すべきでしょうか？

答えはBです。「企業寿命は30年」という説と関係するのではないかと思います。能力の乏しい社員が上層部に出世できるような村社会組織を作ってしまった会社は、30年以上の繁栄はない、という話ですが、営業成績売上げの1億円と2千万円を単純比較して、営業社員Aを評価しているようでは、会社の将来はおぼつきません。現状維持の努力も大切ですが、会社が成長するためには新規開拓が不可欠になるからです。その努力を高く評価する組織文化を持たなくてはなりません。

そう考えると、営業社員としての本当の能力を評価できる仕組みを導入している会社は、少ないと言わざるを得ません（営業社員を正しく能力評価する方法については、Gの章で詳しく書いています。参考にしてください）。

KM（ナレッジマネジメント）能力／ナレッジ収集能力
KM（ナレッジマネジメント）能力／形式知体系化能力

一般的に、営業活動は1人で行うことが多く、活動の仕方についても本人任せにしている部分が多くあります。定期的に全員が集まって、各々のやり方を教えあったり、改善方法をアドバイスしあったりする営業部以外は、どうしても営業社員個々の我流（自分のやり方）に依存した集団になり、部としての共通のルールやノウハウをいつまでも持てません。それでは、社員が入れ替わるたびにノウハウがゼロクリアからスタートする状態に陥りやすくなります。営業部はノウハウの共有化や次世代への継承が難しい、と思われてきた所以《ゆえん》です。ナレッジマネジメント能力は、それを解決するために必要な能力です。

本書では、ナレッジマネジメント能力をナレッジ収集能力と形式知体系化能力の二つに分類していますが、どちらも営業マネジャーが身につけるべき能力です。

ナレッジ収集とは、部下一人一人が経験の中で培い、それぞれに持っているノウハウ（暗黙知という）の中から、どの営業社員でも使えば便利な汎用的ノウハウを拾い集めることです。1対1CATを熱心に行うことで、そうしたナレッジを多く

収集できるようになります

そうやって拾い集めたナレッジを文字、図形等で誰もが見てわかるようにして、体系化することを形式知体系化と言います。

暗黙知を形式知にし、体系化することで、営業社員全員がナレッジを共有できるようになります。汎用的ノウハウを学習しておくことで、未経験の商談場面に遭遇してもスムーズに対応できる可能性が高くなるので、営業部全体の底上げの大きなエネルギーになりうる重要な能力です。

1対1CAT推進能力

1対1CATについては既にPの章で詳述しているので、説明を省略します。

モチベーションコントロール能力

営業マネジャーがコントロールすべき大切なことは、部下のモチベーションです。仕事に対してやる気を出せるかどうかは本人の問題、と突き放すことは簡単ですが、人は弱いものだということを忘れてはいけません。特にキャリアが浅い営業社員ほど、ちょっとしたミスや不安からモチベーションを下げてしまいがちです。そうした部下に手を差し伸べて奮い立たせるのは、マネジャーの重要な役割です。縁ある大切な部下なのですから当然です。

その前提として、部下のモチベーションが落ちている、不安定になっている、ということを敏感に感じ取る必要があります。部下に関心を持ち、一挙手一投足を見守る意識が大切です。リモートワークで直接会う機会が少なくなった営業部もあるでしょうが、その場合でも、Ｚｏｏｍ等を使った1対1ＣＡＴを繰り返すことで、見逃さないようにすべきです。部下がシグナルを出しているかもしれません。

部下の悩みを真摯に聞き、前向きな対話を意識し、本人の業績アップに二人三脚で取り組むことで、仕事面でのモチベーションアップを図ることは営業マネジャーの責務です。マネジャーは、そのような能力を磨く必要があります。

マネジメント・グリップ能力

人の根っこの部分は、わがままです。わがままと言うと語弊があるかもしれませんが、少しでも疑問符が付くことに対しては、自分の考え方が正しいと思いやすく、受け入れようと思ったり、真似しようと思ったりはしません。たとえば、医学の専門家ではないので正しい知識を持っているはずがないのに、「腑に落ちないので、私は絶対にワクチンは打ちません」と決めるのは、わがままのなせるわざです（それが悪いことかどうかは別にして）。

そのような人たちを束ねてチームという単位をマネジメントするのが、マネジャーの役割です。とても大変な役割なのです。

チームというものは、ある目的に向かって邁進しなければなりません。特に、営業というチームは、会社に対して約束した目標を達成する責務を負っています。チームメンバーが思い思いの考えで動けば、よほどの天才たちの集まりでない限り、目標未達成になる確率は高くなります。だからこそマネジャーは、部下の動きや内容をマネジメントして、チームパフォーマンスを高めようとするのです。ところが、パワハラが問題視されるいまの時代、上司権限をふりかざしてチームの意向に従わせるような手法は難しくなりました。そこで注目されるのがマネジメント・グリップ能力です。

マネジメント・グリップ能力とは、部下に無理強いをして従わせるのではなく、裏表のない人間関係をつくったり、面倒を見て慕われたり、筋を通したりすることで、「この上司の言うことは、とりあえずやってみよう」と思わせる能力のことです。本書で繰り返し述べているとおり、組織の大敵は社員の我流です。マネジメント・グリップ能力を鍛えない限り、社流を浸透させることが難しいので、とても大切な能力です。

確実な強化方法はまだ見つかっていませんが、1対1CATと同行・同席商談に熱心に取り組んでいるマネジャーのマネジメント・グリップ能力が相対的に高いレベルにあるのは、経験則としてわかっています。部下からすると、1対1CATや同行・同席商談が、「自分のことを目にかけてくれている」と感じられる機会になるのは間違いないようです。ピグマリオン効果といって、期待をかけると「もっと頑張りたい」という思考になりやすい人間心理ですが、まさしくその効果から、指導したことを履行してもらえる人間関係が成立しているのでしょう。

ロープレ運用能力

ロープレには、一般的なロープレ（本書ではフルロープレと呼ぶ）とショートロープレの二種類があります。

ショートロープレとは、1対1CATのときに上司がお客様役、部下が営業役になり、即興で商談のやり取りの練習をすることです。部下全員を集める必要がないので、毎日でも実行できます。

フルロープレは営業チーム全員が集まって行うもので、お客様役と営業役を決めて、全員の前でパフォーマンスを行い、営業マネジャーが解説することで商談進捗全般の能力強化を図ります。部下全員が同じケーススタディを共有できることがメリットですが、スケジュール調整のために全員の活動に制約が生じることもあります。フルロープレを実施する日は、営業部員の働き方バランスが悪くなりやすいと考えておきましょう。たとえば、17時からフルロープレを行うのであれば、念のために15時以降の訪問商談を入れないようにするため、その日の商談時間は通常日より少なくなります。それを考慮して、開催頻度は多い営業部で週一、通常は月一です。気づいたら1年以上、フルロープレを実施していなかったという継続力の弱い営業部は、想像以上に多いものです。こうなると本末転倒です。

そうならないために、ショートロープレとフルロープレの両方のメリットを部下が得られるように、うまく運用する能力がマネジャーには求められます（なお、フルロープレの実施方法はPの章で詳しく説明しています）。

褒叱《ほうしつ》能力

組織は人間同士の集まりですから、全員が感情を持って動いています。そのことを忘れているのではないかと思える営業マネジャーが多いのが気になります。叱りすぎるのです。たしかに、指示したことができない部下、できない言い訳ばかりで工夫しようとしない部下、サボってばかりの部下、嘘でごまかそうとする部下等々、叱りたくなる場面は数多くあります。しかし、叱りすぎたために、きっちりと働く部下が5人から2人に減り、営業部として業績目標を達成できないようになったら、営業マネジャーへの評価は低くならざるを得ません。

そのような状態を回避するためには、意識して褒めることです。褒めることで部下のモチベーションをうまくコントロールできれば、本当に叱らなければならないときに叱ることができます。コンサルティング経験から言うと、「褒める>叱る」の比率を守ることが何よりも大切です。

褒めるためには、部下に関心を持つことです。関心を持っていれば、褒めることはいくらでも見つかります。

また、1週間に一度以上は褒めることを心掛けてください。この二つのことを守れば、部下が不安定になることを防げるようになります。褒叱能力を磨けば、素晴らしいマネジャーになれる可能性が高まるというものです。パワハラで訴えられることを恐れて部下に何も言わないマネジャーが増えているとも聞きますが、叱ることも人材育成の一手法です。叱り方の技術を学んで、褒めることとのバランスを考えながら実行してください。

部下関心能力

私はクライアントのマネジャーに対して、簡易な部下関心度テストをよく実施します。正直に言って、どの会社もテスト結果はよくありません。部下に関心を持っているマネジャーが少ないことを、痛切に感じます。

同様に実施している働き方バランス分析データでも、部下に対する関心度の低さがわかります。コンサルティング開始当初は、決まって悪い結果が出ます。大半の営業部で、営業マネジャーの1対1CAT時間は1日平均10分以下、同行・同席商談時間の1日平均も10分以下という結果になります。

最初は、「そのようなデータに表れない部分で部下に関心を寄せています」とみなさん弁解するのですが（ほとんどの人は本当にそう思っています）、具体的に何らかの行動面でその思いが伝わってくることは、ほぼありません。特に、1週間に一度の営業会議で、「なぜもっと早くその状況を報告してくれなかったんだ」と言っているようでは、とても部下に関心があるとは思えません。

本当に関心があるのであれば、「今日のあの商談は、どうなっただろう？」「来週のこの商談はとても大切だから同行できるように調整しよう」と、四六時中考えているはずです。つまり、1対1CATと同行・同席商談は、Pで策定したから実施するものではなく、自然にやりたくなるものなのです。そうなってはじめて、部下に関心があると言えるのです。

部下仁恕《じんじょ》能力

仁恕とは、情け深く思いやりにあふれている、という意味です。英語のSympathy《シンパシー》がニュアンスとして似ています。褒叱《ほうしつ》能力、部下関心能力と合わせて、

思いやり三大能力と私は呼んでいます。マネジャーは、ある意味で親の心を持って部下に接する必要があります。子供の成長を親が願うように部下の成長を思う親心があれば、部下の能力を最大限に伸ばしてあげたくなるのではないでしょうか。

しかし、多くのマネジャーは、部下を受注マシーンとしか捉えていないのではないかと疑わざるを得ません。「今月もあと1週間しかないのに、目標達成率がまだ5割にも届いていないじゃないか！　自分で何とかしろ！」と突き放すセリフしか吐けないマネジャーには、本人がどう言おうと、部下に対する思いやりは感じられません。

自分で何とかできるのであれば、目標未達成の状況にはなっていないので、本当に無駄な叱責です。二人三脚にはほど遠いと言わざるを得ません。

仕事をうまく遂行するための必要能力パーツ

ここからのカテゴリーは、営業活動の前提となる必須能力というよりは、ビジネスマンとして備えておかなければならない必要能力です。プレイヤーもマネジャーも仕事遂行のうえで必要になる能力ですから、一つ一つの能力パーツに優先順位を付けて、ＰＤＣＡサイクルをうまく運用して伸ばすようにしてください。

国語能力／ヒアリング（聴取）**能力**
国語能力／トーキング（伝達）**能力**
国語能力／ライティング（文筆）**能力**
国語能力／リーディング（読解）**能力**
国語能力／メモライジング（記憶）**能力**

すべての道はローマに通ず、ではありませんが、すべての仕事遂行能力の基礎部分が、国語能力にあることは間違いありません。

みなさんの会社で、社長の全体朝礼があったときに、終了後に部下に朝礼内容を確認するテストをしたことがありますか？

営業会議などで、要領を得ず、ただ長いだけの報告を聞かされたことがありませんか？

同じく営業会議などで、上司の質問に対して、まったくちぐはぐなことを答える部下がいませんか？

何を訴求したいのかがよくわからない提案書を見たことがありませんか？

ＹＥＳかＮＯの答えを求めているのに、関係ないことばかり言ってなかなか答えを言わない、という部下がいませんか？

ほかにもいろいろとありますが、このような国語能力であれば、仕事はうまく進みません。仕事を遂行するうえで国語能力は絶対に欠かせないというのは、以上のような理由からです。

たとえば、このようなことがありました。あるメーカーの部品を売る営業部には、営業成績の悪い営業社員が多くいました。いくつもノウハウを積み上げなければ売れないような難しい商材ではなかったのですが、意外なところに原因があることがわかりました。受注できるかどうかに関係なく、商談ごとに複数の見積り依頼が必

Ⅱ仕事遂行能力
1 国語能力／ヒアリング（聴取）能力
2 国語能力／トーキング（伝達）能力
3 国語能力／ライティング（文章）能力
4 国語能力／リーディング（読解）能力
5 国語能力／メモライジング（記憶）能力
6 ロジカルシンキング能力
7 マルチタスク能力
8 タイムマネジメント能力
9 デスクワーク（事務）処理能力
10 ルーティーンワーク継続能力
11 克己能力
12 模倣能力
13 社流推進能力
14 チームワーク能力
15 社内人間関係構築能力
16 リーダーシップ能力
17 その他会社独自に求められる能力

ず発生する業界だったのです。そこで、見積り依頼に関するヒアリング能力の差が成績に影響を及ぼしているのではないかと仮説を立てました。商談実態を調査するために営業マネジャーが同行し、このときばかりはメモ役に徹し、取引先の見積り依頼数と、それぞれの依頼内容についてメモを取りました。それを商談後の営業社員の報告と照らし合わせたところ、ほとんどにズレがあることがわかりました。

一例を挙げれば、取引先は5種類の見積りを依頼したのに、営業社員は3種類の依頼と捉え、その内容もかなりズレていました。これではなかなか受注に至らないのも当然です。明らかに営業社員のヒアリング能力不足であり、確認する（聞き直す）ためのトーキング能力不足も考えられます。

商談は人間同士の言葉や書類でのやり取りであることを考えれば、聞く、話す、書く、読む、覚えるという国語能力が必要不可欠であることは言うまでもありません。

なお、覚えるということが国語能力に入っていることに、違和感を持つ人も多いでしょう。あえて加える理由は、聞く、話す、書く、読むという能力を高めるのに必要な能力だからです。特に営業という仕事は、商談というライブな場でのスムーズなやり取りが求められます。相手の発言内容を覚える能力が高ければ、コミュニケーションを有利に進めやすくなります。

ロジカルシンキング能力

高度な能力なので、ロジカルシンキングが必須の仕事以外では優先度が低いこともありますが、鍛えておくと重宝する能力です。ロジカルシンキング能力が強化されると、次のようなことができるようになります。

- 相手の言っていることの本質を見抜ける
- 複雑な話を整理できる
- 伝えたいことを理路整然と組み立てられる

論理的な思考ができるようになると、周りの人に頭の回転が速い印象を与えるので、社内外から高く評価されやすくなります。

マルチタスク能力

マルチタスクとは、複数の仕事を並行して遂行することです。この能力が低い人には、仕事を頼む側も不安を感じながら頼むことになるので、次第に頼まなくなってしまいます。その結果、複数の仕事を抱える機会が少なくなり、いつまでもマルチタスク能力が育たない、という負のスパイラルに陥ります。したがって、鍛える優先順位の高い能力パーツだと言えます。

基本的な対処方法としては、「ＴｏＤｏリスト」を作って仕事をする習慣を身につけることがポピュラーですが、マルチタスク能力が乏しい人に、「ＴｏＤｏリスト」を作る仕事をさらに増やすことになるわけで、結局は、いつの間にかやらなくなって、仕事の抜けが多い状態は改善されません。

「こうすれば伸びる」という決め手はなく、仕事上の信頼をほかの能力で得て、複数の仕事を依頼してもらい、ひたすら練習機会を増やすことです。

取り入れてほしい方法が一つあります。それは依頼された仕事、自分で作った仕事の**締め日カレンダー**を作ることです。そして、本来の締め日までに1週間以上の時間的余裕がある場合は2日前に締め日を設定し、1週間以内の場合は1日前に設定します。出社時と退社時に必ずカレンダーを確認し、それぞれの仕事の締め日までの残日数を意識しながら仕事を行ってください。営業社員としては、商談相手との約束が発生したときも**締め日カレンダー**を活用してください。

この方法は、想像以上に効果が出ます。たとえば、急ぎの仕事が入ったときです。並行して動いているすべての仕事に1～2日の余裕があれば、そののりしろで吸収できるからです。マルチタスクが苦手な人は、仕事そのものを忘れるという単純原因もありますが、納期が遅れ、どの仕事もうまくいかないという原因もあるのです。

タイムマネジメント能力

1日の動き方、月間目標達成までのそれぞれの週の役割、年間目標達成までのそれぞれの月の役割等々、タイムマネジメントは営業社員にとって欠かすことのできない能力です。マルチタスクの**締め日カレンダー**のように、それぞれの期日までの動きを逆算方式で決めるのが、タイムマネジメントです。逆算をするためには、仕事の頭からお尻までの流れを掴んでおく必要があります。仕事の全体像を常に意識するようになり、時間のことだけではなく、仕事そのものにも精通できるようになる大切な能力です。マルチタスク能力とタイムマネジメント能力を強化すれば（練習を積み上げれば）、信頼度アップは間違いありません。

デスクワーク（事務）処理能力

営業社員にとってのデスクワーク処理能力は、二つの視点で捉えなければ判断を間違えます。

一つは、デスクワーク処理そのものの能力です。とても現場的な話をします。いまや事務処理に欠かせないエクセル、ワード、パワーポイントの機能を勉強していない営業社員が、かなりの比率でいるという事実に目を向ける必要があります。その結果、機能を覚えていれば数分で終わる作業を、数十分かけて行っている、という笑い話のような現実がいたるところにあります。これは盲点です。コンサルタントとして指摘することが多いので、みなさんの社内でも、念のために調べることをお薦めします。

もう一つは、長ったらしい単語で恐縮ですが、「無意識間延びデスクワーク時間調整症候群」に関係します。この長い言葉で表現せざるを得ない集団症状に陥っている会社が、多いことがわかっています。その原因は、本書でも随所で指摘している商談時間の短さです。

営業改革を働き方バランスで表現すると、「商談時間」対「意識的怠慢時間（いわゆるサボり）」対「結果的怠慢時間（主にデスクワーク、移動等）」の比率が、2対1対7から4対1対5になれば成功です。数字で見ると何とも無味乾燥ですが、商談時間が2割増えて結果的怠慢時間が2割減るように努力することが、営業改革の根本なのです。ここでよく考えてください。商談時間が増えるということは商談件数が増えるということなので、移動時間がまず増えます（リモート商談の普及はこの常識を変える可能性がありますが）。そして、商談件数の増加に伴って事務処理も増えるはずです。しかし、現実は、結果的怠慢時間が減ります（残業時間は思いのほか増えません。一般的に退社時刻を変えたくない人が多いということがわかっています）。このマジックというか矛盾は、どう説明すればよいでしょうか？

その答えが、「無意識間延びデスクワーク時間調整症候群」です。商談時間を増やせば、事務処理が増えてもデスクワーク時間は反比例して減ります。つまり、**元々デスクワークは間延びしているだけ**だということです。商談時間が少ないからそのぶん早く帰宅するのではなく、そのぶんゆっくりとデスクワークをしているだけなのです。もちろん本人は無意識なので、結果的にということになります。したがって、本書で言う商談フライト時間を増やせば、自動的にデスクワーク処理を早める能力が身につくという、一石二鳥の結果になります。しかも、処理速度が速いほうがミス率も減少することがわかっています。それだけ集中して行うからということでしょう。にわかに信じることができない人も多いと思いますが、これが実際の現場の面白いところです。

参考までに、以上のこととかかわりなく、意図的にデスクワーク処理能力を強化する練習方法があるので紹介しておきます。それは、一つひとつの事務処理を行う前に、終了時刻を定めてから取りかかるという練習です。たとえば、いまから交通費処理伝票を作成する場合、いまが10時15分だとすると、「5分後の10時20分までに終わらせよう」と目標を決めてから取りかかります。少し無理かなと思える早めの時間を想定することがコツです。日々のデスクワークをこの練習方法で行えば、驚くほど能力強化されます。

ルーティーンワーク継続能力

「継続は力なり」という言葉がありますが、この言葉が教訓として使われるのは、継続できず、いつの間にかやらなくなる人が多いからでしょう。それほど、継続することは難しいのです。特に、ルーティーンワークになると、毎回同じことの繰り返しなので、徐々に飽きてきます。人工知能の発展とともに、「ＡＩに仕事を奪われる」と恐れている人が増えているようですが、ルーティーンワーク継続能力が乏しい人は、それよりも前に、ほかの人に仕事を奪われかねません。

克己《こっき》能力

かなり重要な能力の一つです。己《おのれ》に克《か》つと書いて、克己《こっき》と読みます。己の何に克つのかというと、社流ではなく我流で仕事をする誘惑に克つのです。特に、上司から教えられたことが**腑に落ちない**からやらないというのは、間違いなく己に負けているからそうなるのです。**腑に落ちない**原因は、だいたいの場合は己の知識不足、経験不足にあることを自覚しなければなりません。**腑に落ちない**と感じたときこそ、己に足りていない知識や経験が得られるチャンスだと考えて、教えられたとおりに動くことです。それによって成長が担保されるのです。テニスやゴルフで、ラケットやクラブの握り方をコーチから教えてもらっても、窮屈だからとか、違和感があるとかの理由で我流に戻してしまう人は、たいてい上達しないのと同じ原理です。「自分（たち）だけは自分を信じて大丈夫」という**正常性バイアス**についてDの章で説明しましたが、克己能力が鍛えられれば、正常性バイアスなど起こりようもありません。

模倣能力

できる人の真似をすることは成長への早道ですが、真似をすることにも能力差があります。真似は、意外と難しい作業なのです。まず、「己に克つ」ことができなければ、人の真似はできません。真似をすることは、その人から教えてもらうことと同じですから、謙虚な気持ちで臨まなくてはなりません。

それでもまだ、真似をできるとは限りません。真似をするためには、つぶさに観察しなくてはなりませんし、記憶力やメモ力がしっかりしていなければ、観察したことを覚えられないからです。

真似するのは行動だけではありません。考え方、話し方、モチベーションの上げ方など、いろいろな切り口があります。自分を過信するのではなく、周りのできる人たちに教えを請う姿勢を持つように心掛けてください。模倣能力を鍛えるために必要なことです（Ⅰの章で詳述しています。参考にしてください）。

社流推進能力

米国海兵隊は世界最強の組織として有名です。『アメリカ海兵隊式 最強の組織』（ダン・キャリソン＆ロッド・ウォルシュ著／日経ＢＰ社）という翻訳書が出ていますが、とりわけ人材育成、組織力等で最強と言われています。

なぜ、世界最強組織なのか？　その理由は、"Semper Fi"《センパーファーイ》という米国海兵隊の信条にあります。これはラテン語のSemper Fidelisの話し言葉で、「常に忠実であれ」という意味です。

組織にはいろいろな人が集まっているので、多くの意見を集めることができますが、いざ組織として動くときには、全員が「決まったこと」に忠実に従う必要があります。Semper Fiとは、そういう意味です。一度決まったことにも、「私はそうは思わない」などと言って従わない人が多ければ、組織は確実に弱体化します。

組織の意思に従って活動することを、私は**社流推進**と呼んでいます。ビジネスマンにとって社流推進能力は必要不可欠なものであることを、肝に銘じなければなりません。

チームワーク能力

説明がいらないほど、誰もがその必要性を認めている能力です。営業社員の場合、自分が目標を達成していても、チームが達成できていなければ、さらに頑張って売上げを伸ばすための動きをする、というのが典型的なチームワークです。できれば、数字面でのチームワークだけでなく、アポ取りに苦労している同僚や部下がいれば、アポ入れを手伝う。商談トークに悩んでいる後輩がいれば、ショートロープレをして練習させる。また、事務職にデスクワークの負荷がかかりすぎているようであれば、その軽減方法を考えたり、現状をマネジャーに進言したりする、といった動きが伴うチームワークができればなお良いでしょう。そのようなチームワーク能力であれば、鍛え甲斐があるというものです。

社内人間関係構築能力

組織は人間の集まりなので、どれだけ組織文化を浸透させても、人の好き嫌いはなくせませんし、えこひいきも消えません。あるスタッフは、○○さんには協力的だが、□□さんには非協力的な対応しかしない、というのもよく目にする現実です。社内で協力が得られる営業社員、社内情報を確実に得られる営業社員は、それができない営業社員よりも有利に仕事を進められます。これらの現実を踏まえると、社内人間関係構築能力を強化しておくことは、ビジネスマンとして評価に直結する重要な課題なのです。

総合能力がトップクラスであっても社内での評判が悪い人と、総合能力は次席クラスだが社内での評判が良い人とでは、後者のほうが出世しやすいのも組織の常識です。会社の将来のためにも、総合能力が高い人ほど社内人間関係構築能力を強化すべきだと思います。

リーダーシップ能力

これも説明不要だと思いますが、将来マネジャーを目指す人は、ぜひとも強化しておきたいのがリーダーシップ能力です。特に、営業という仕事の特性上、「人を鼓舞して引っ張っていく」ような精神的にリードする能力は、どのような会社でも好まれます。絶対にマネジャーになりたくない人であれば、優先順位を下げるという選択肢はありますが、そうでない限り、継続的に強化しておくべき能力です。

意外に不安定な知識レベル

「営業社員の商材に対する知識レベルを、定期的にテストしていますか？」と質問すると、「営業力は弱い部分もありますが、商材知識については、さすがに大丈夫だと思います。テストするほどのことはありません」という返事が、決められたかのように聞かれます。これは営業部を率いる上層部の間違った思い込みです。

業績が伸びない原因には、商談能力レベルの問題以外に、営業に必要な知識レベルの問題があることに、多くの営業関係者が気づいていません。たとえば、毎朝、日本経済新聞を読んでいる営業社員は、どの会社も半分以下です。新聞すら読んでいないのに、業界市場知識が合格ラインに届いているはずがありません。

新聞通信調査会が２０１９年11月に発表した「メディアに関する世論調査」によると、日々、新聞を閲読する人は、44・7％しかいません。特に、知識勉強が必要な20代では5・7％、30代は12・8％と、目も当てられない状況です。営業関係者だけは閲読者が多い、ということもありません。これでは商談で業界や市場の話題が枯渇しているのは間違いありません。縦軸・横軸活用能力が若手は極端に苦手なのですが、業界、市場のことを話題にできないから、社長や役員レベルに会いに行くことが億劫《おっくう》になっていることが原因の一つだろうと、容易に想像できます。

知識レベルを調べることをしない会社、営業部が、そうした営業社員を教育もせず放置し、商談も本人任せにしていては、営業成績が上がるはずもありません。目

Ⅲ 知識資格能力	
1	自社商材知識
2	他社商材知識
3	業界市場知識
4	商材専門知識
5	法律関連知識
6	顧客関連知識
7	一般雑学知識
8	その他会社独自に求められる知識
9	会社が取得を求める資格

標を達成するためには、商談能力強化と同じくらいに知識レベルの強化が必要だ、ということを理解すべきです。

商談進捗能力強化に比べると、知識レベルの強化は短時間で、確実に行えます。PDCAの概念をうまく活用して、会社を挙げて取り組んでください。

自社商材知識

詳しく説明する必要はないと思います。カタログ、パンフレット、チラシ、ホームページ等々に記載されている自社商材に関する知識を、最低限、完璧に覚えることから再度徹底してください。ベテラン組に多い落とし穴は、新商材などアップデートされた商材について、知識を追加する頻度やスピードが落ちてきていることです。要注意です。

この知識を強化する方法としては、オーソドックスですが、定期テストがお薦めです。また、1対1CATで、知識の弱い部分を中心に質疑応答を繰り返すことも有効です。

他社商材知識

他社商材を、他社の営業社員よりもうまく商談できるレベルで理解していれば、商談相手の信頼を勝ち取りやすくなります。優秀な商談相手であれば、営業社員は自社商材のメリットを誇張し、デメリットを矮小化するものだということを知っています。だからこそ、商談相手から、他社商材のことを聞かれるほどの信頼を得ることができれば、商談で優位になることは間違いありません。

そのためにも、自社商材のメリットを誇張し、デメリットを矮小化するようなことをせず、正々堂々とありのままを説明するようにしましょう。「この営業担当であれば、腹を割って何でも相談できそうだ。自社、他社含めて、最も正しいことを教えてもらえる」という信頼を、商談相手から得ることが何より大切です。

業界市場知識

業界や市場のことを営業社員が個々に調べるのは時間の無駄です。会社として、業界市場知識をインプットするためのテキストを用意する必要があります。しかし、実際にそうしている会社はほとんどありません。この知識不足問題は、個人レベルではなく、会社レベルの問題なのです。

もちろん、営業社員たるもの、日々の商談に役立つ情報を仕入れるために、日本経済新聞、日経産業新聞、ＭＪ（旧日経流通新聞）、業界専門紙などには、目を通しておく責務があります。これは個人レベルの問題です。特に、20代、30代の社員には強く実行させなければ、将来にわたって慢性的な知識不足に悩まされることになります。

商材専門知識

扱っている商材に関連する専門的な知識を意味します。業種業態によっては絶対に必要というものではありませんが、知っているに越したことはありません。たとえば、ワインを業務店や量販店に売り込む営業であれば、ソムリエ並みのワイン知識を持っていれば、商談コミュニケーションの幅が格段に広がります。建築請負会社の営業であれば、歴史的建造物の豆知識を折に触れて披瀝すれば、商談相手から頼られる確率は格段と高くなります。

　また、スーパー店頭での生鮮品販売であれば、食材の組み合わせの知恵や、スピード調理の工夫などの料理知識を持っていれば、お客様のニーズを格段に喚起できます。

法律関連知識

　扱う商材によっては法律が絡むことがあります。その際に必要な知識です。たとえば、保険業法に絡む、酒税法に絡む、景表法に絡む、相続税法に絡む等々、いろいろなケースがあります。関連する法律について正しい知識を持ち、適切な説明ができれば、信頼は大いに上がります。

顧客関連知識

　商談相手の会社情報、業界・市場情報、担当者の趣味・嗜好など、知っていれば商談を円滑に進めるのに役立つ便利な知識です。孫子の兵法に、「彼を知り己を知れば百戦殆《あや》うからず」という有名な言葉がありますが、まさしくそれです。相手のことを十分に知ることで商談ポイントが広がるからです。長期戦が必至の商談では、特に必要度が高くなります。

一般雑学知識

これは、商談につきものの**世間話**に必要な知識です。

機知に富み、話題豊富で、話の内容がとても面白くて参考になる、と商談相手に思われれば、商談アポが入りやすくなるのは間違いありません。気を許して接してもらえるので、本音の話も多く聞き出せるようにもなります。また、多方面の話題に事欠かないので、思わぬシグナルをキャッチできる確率も高くなります。

論理的に説明できない業績・プロセス連動総合能力の重要性

営業には、〝5％の気合い〟というものがあります。

目標達成との差が5％以内であれば達成することが多く、5％以上開くと達成することが少なくなることを表現した言葉です。そのエネルギー源は何かと調べても、論理的に説明できる明確なものはありません。**「何とか達成したい」という気合い**が強く出るとしか言いようがありませんが、営業という数字を追いかける仕事にとっては、とても重要なことです。

一つ説明できることがあるとすれば、集中力の大切さです。気合いが前面に出れば、集中力が違ってきます。集中力が違ってくれば、「何か取りこぼしがないか？」「商談前準備は万全か？」「お客様の話す内容から何とかシグナルを見つけるぞ」「今日のクロージングは粘るためにあらゆる次の一手を想定しておくぞ！」「マネジャーの同行を絶対にお願いするぞ」等々、本書で説明している「**営業社員としてやるべきこと**に真剣に取り組むようになる」ことこそが、気合いの正体と言えなくもありません。結局は、基本を大切にして、基本に忠実に取り組むことが、地道ながら重要な姿勢なのだということをあらためて感じます。

Ⅳ業績・プロセス連動総合能力
プロセスと業績を常に連動して捉えながら
その両軸を推進できる総合能力
※新PDCAの総仕上げ

さて、ここからが大切なことですが、ＰＤＣＡのそれぞれの役割を明確に掴み取り、素直に、忠実に取り組むことこそが、**いつも気合いが入っている**状態をつくり、

ひとつひとつの仕事を丁寧に仕上げることになります。

PDCAは、明確なメッセージを私たちに投げ掛けています。

それは、業績向上とプロセス推進に真摯に取り組む**総合能力**を磨くことの重要性です。重要三大計画である商談フライト時間、1対1CAT時間、同行・同席商談時間のそれぞれの実行計画数値をキープするプロセスに取り組むことで満足してしまい、いつの間にかゴールが業績目標達成ではなくプロセス目標達成にすり替わってしまう営業関係者がけっこう多いものです。あくまでもプロセスという業績目標達成のための**羅針盤**に忠実に取り組みながら、業績目標達成につなげることができる能力を**総合能力**と定義しています。

業績目標達成のためにプロセスを無視して、「結果さえ出せばよい」と我流で仕事に取り組んではいけません。

業績目標達成ではなく、プロセス目標達成が主目的になってもいけません。

プロセスと業績を常に連動させて捉え、その両軸を推進できる総合能力を強化することをもって、PDCAの取り組みは完成すると言えるでしょう。

Gの章　新しい概念G

Pの章　PDCAの成否を決定づけるP

Dの章　将来の成長への道標

Cの章　PDCA運用の鍵を握る

Aの章　目標達成の最後の砦

業績強化PDCA

もう一つのGの章　能力強化もPDCAで

付録 Iの章　PDCA以外の重要な営業知識

能力強化PDCA

付録 Iの章

考える力が伸びる成長メカニズム0

人間の成長過程を俯瞰する

Ｉの章のＩは、Important Mattersのことです。ここまで新ＰＤＣＡを実行することで営業改革を成功させる方法について書いてきましたが、その中で書ききれなかった重要なテーマを、このＩの章にまとめました。併せて参考にしてください。

Ｐの章でも書きましたが、考える力の伸ばし方ほど、ほとんどの人が勘違いをしているものはないと思います。コンサルティング事業に従事するようになって人工知能分野、脳科学分野など、成長にかかわる分野の勉強をしました。おかげで、「考える力が伸びる成長メカニズム」を、わかりやすく整理することができました。理論から入って整理したものですが、コンサルティング現場での実感と、寸分の狂いもなく結び付きます。再度、図6をじっくりと見てください。

この図は、人工知能（ＡＩ）分野の第一人者である東京大学大学院工学系研究科、松尾豊教授のディープラーニング理論をベースに、誰にでもわかるように、考える力が伸びるメカニズムを平易にまとめたものです。

いまやコンピュータは人工知能のおかげで、人間のように考えることができるようになりました。その複雑なメカニズムは省略しますが、人工知能のすごさが衝撃的に世の中に伝えられたのは、２０１６年3月に、人工知能囲碁ソフトの「アルファ碁」が、当時世界

図6

“考える力”が伸びる成長メカニズム

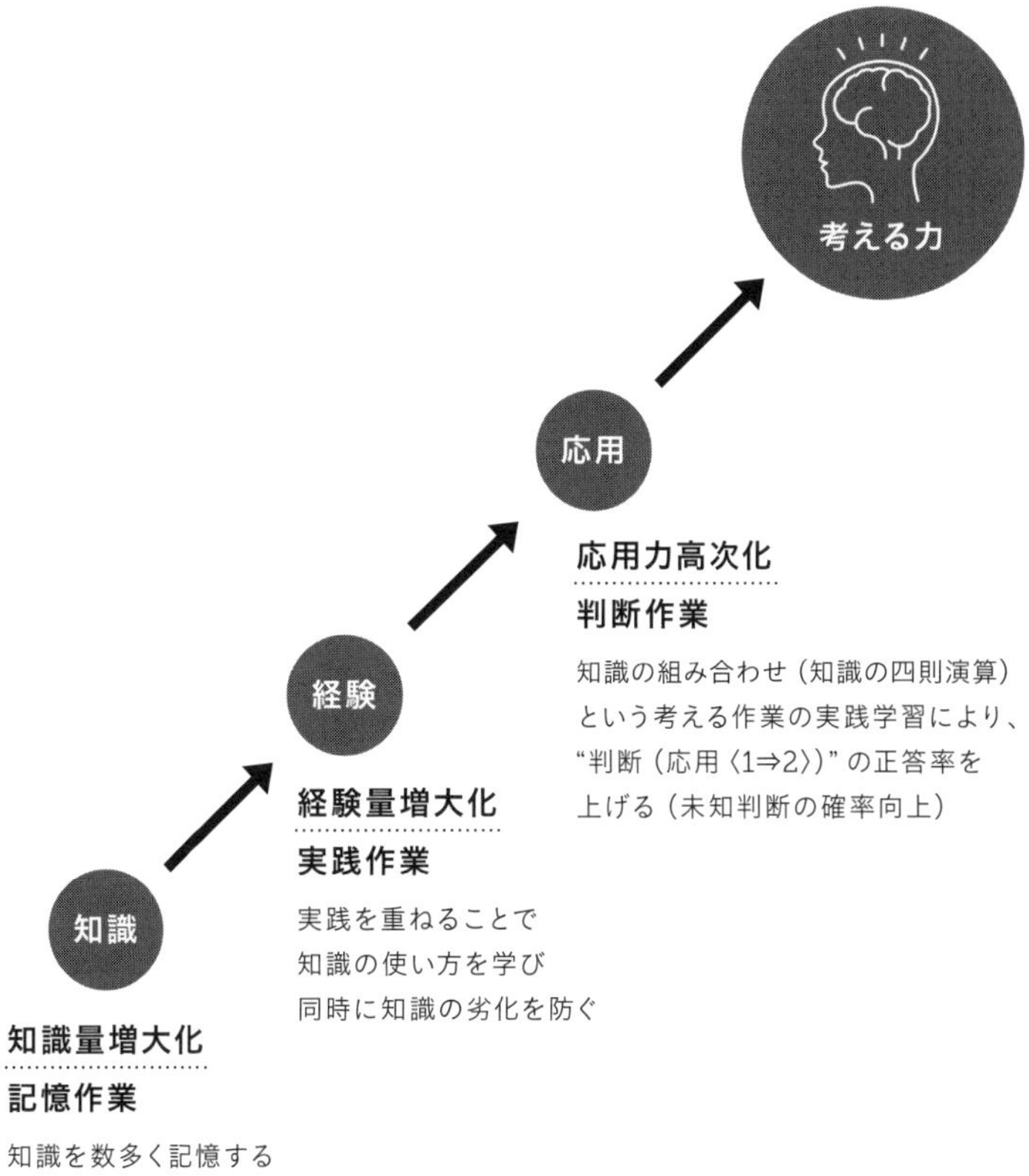
考える力
応用
応用力高次化
判断作業
知識の組み合わせ（知識の四則演算）という考える作業の実践学習により、“判断（応用〈1⇒2〉）”の正答率を上げる（未知判断の確率向上）
経験
経験量増大化
実践作業
実践を重ねることで知識の使い方を学び同時に知識の劣化を防ぐ
知識
知識量増大化
記憶作業
知識を数多く記憶する

トップクラスの棋士であったイ・セドル九段に4勝1敗で勝ち越した、というニュースが世界中を駆け巡ったことでした。「オセロや将棋では人間に勝てても、複雑な思考を必要とする囲碁でコンピュータが勝つには、あと10年以上はかかる」と当時言われていただけに、人工知能の研究者でも衝撃だったと、後日、松尾豊教授は月刊誌『文藝春秋』に寄稿しています。

コンピュータがなぜ、人間の領域だと思われていた**考える力**を持つようになったのでしょう？

それは、ディープラーニング（深層学習）という新技術が開発されたからです。それによりコンピュータが、人間の成長過程を模して考えることができるまでに**成長**することが可能になりました。赤ちゃんが言葉を覚え、言葉で知識を吸収し、知識の活用を経験し、そして知識を駆使した応用、つまり考える力が身につくかのように、コンピュータが成長するようになったのです。

その**人間の成長過程**をわかりやすく整理したのが図6です。この図にあるステップを着実に踏めば、誰もが**成長**を享受できる可能性が高まります。

考える力が伸びる成長メカニズム1 **知識をひたすら覚える**

第1ステップは、知識を記憶するステージです。能力強化で提示した、営業で必要な知識のすべてが対象です。

人工知能でさえ、高度な思考を行うためにまずやることは、膨大な量の知識を記憶する作業です。覚えるべき知識を、ただひたすら覚えるのです。

コンピュータよりも、意外に人間のほうが、この基本の重要性を忘れているかもしれません。ただ覚えるだけの勉強方法は、受験には役立っても社会人になってからはまったく役立たない、と嘯《うそぶ》く人も多いのですが、この成長理論を学べば学ぶほど、それは間違いだと気づきます。覚えた知識は、ほかの知識と結び付くことでいずれ役立ちます。また、子供時代から**記憶する練習**を繰り返すことで、記憶能力そのものが鍛えられるのです。

そう考えると、もっと熱心に勉強しておくべきだったと、私も後悔しています。それぐらい重要なステップなのです。

考える力が伸びる成長メカニズム2 **覚えた知識を使える知識へ**

第2ステップは、知識を実践で使って、**ただ覚えた知識**から**使える知識**にしていく練習ステージです。営業に置き換えると、覚えた知識を繰り返し使い続けることで知識の使い方がうまくなっていく商談の場が、第2ステップの練習ステージに該当します。

- この知識、ノウハウを使いたいときに、すぐに引き出せているか（知識引出能力）
- この知識、ノウハウを使えば、どのような効果があるか
- この知識、ノウハウは、どのような場面で使うのが最適か

これらの能力が強化されるプロセスのことを、私たちは**経験**と言っているわけです。経験がとりわけものをいうのは、知識引出能力でしょう。能力パーツにもラインアップしているぐらい、商談には欠かせない能力です。**商談の場で、何度も繰り返して引き出すことで、磨くことができる能力**だからです。

第2ステップには、もう一つ大切な狙いが隠されています。それは、知識劣化の防止です。みなさんにも小学1年生だった頃があると思いますが、そのときの同級生の名前と、いまの知人の名前のどちらのほうが、すぐに、正確に言えますか？　ほとんどの人が後者でしょう。そうなるのは、知識劣化が原因です。

知識は、脳の片隅に保管されていたとしても、使う機会がなければ、時間の経過とともに忘れていきます。これを知識劣化と言います。新入社員のときに熱心に覚えた知識も、

商談フライト時間の平均時間が少なければ、それだけ使う機会も少なくなり、どんどん劣化します。商談がうまくいかない営業社員は、たいていが知識劣化による知識不足が原因です。商談フライト時間を1日平均240分以上キープすることにこだわり続けるのは、知識劣化防止もにらんでのことです。

これが、第2ステップで忘れてはならない重要事項です。

考える力が伸びる成長メカニズム3

自由自在に知識を操る

第3ステップは、応用力を磨くステージです。つまり、**考える力**を強化するレベルにいよいよ来たわけです。

そこで、みなさんに質問です。応用力とは何でしょうか？

この答えは意外に難しく、専門的な定義のようなものがないだろうかと探しているうちに、脳科学の「ミラーニューロン」理論を見つけました。人間の脳内で模倣機能の役割を担っているのが、ミラーニューロンと言われる神経細胞です。イタリアのパルマ大学の研究者たちが論文を発表し、世紀の大発見と言われています。とても難解かつ専門的な研究内容ですが、平易な言葉で解釈すると次のようになります。

「人は0から1を**創り出す＝創造する**ことは、ほぼない。世の中にある1をひたすら模倣し、1を豊富な状態にすることによって、2を**作り出す＝応用する**ことができるようになる。これを**考える力**という」

論文は、英語、イタリア語で発表されているので、「創造する」と「応用する」のような日本語ニュアンスの使い分けは私の解釈ですが、このように捉えることで、**考える力**の意味が明確になってきます。つまり、考える力とは、0から1を**創造する**ことではなく、1を2に**応用する**ことだ、ということです。この違いを理解することはとても重要です。たとえば、いくら頭が良くても、医学畑の人が法律畑のことで考える力を働かせることはできません。なぜなら、法律畑の知識（1の集まり）を持っていないからです。つまり、**考える**という頭の働きは、豊富な知識（1の集まり）の支えがあって初めて成立する**応用**のことなのです。

以上を踏まえて、営業社員にとっての**考える力**について考えてみましょう。

覚えた知識をそのまま引き出すだけではうまく対応できないとき、営業社員がとれる打ち手は、アドリブ（応用）で対応するか、その場で対応せず出直すか、の二者択一になります。後者のほうが安全ですが、いつも後者の対応をしていると、商談相手は営業社員のことを信頼しなくなります。「この営業担当は、何もわかっていないのか？」と疑問を持たれるからです。したがって、営業の仕事（特に商談）はアドリブ対応が多くなるので、**考える力を磨くことが必須**なのです。

先の図6でも示したように、アドリブ（応用）とは、返答に適切だと思われる近似値の知識カードを瞬時に何枚か引き出し、それらのカードを組み合わせる（足したり、掛けたり、四則演算をするイメージ）ことで、今までにない新しいカードを商談相手に提示することなのです。このようなアドリブ対応のことを**応用力**、つまり**考える力**と言います。したがって、近似値の適正カードが不足していたり、なかったりすれば、何を答えていいかわからず、出直すことになってしまいます。

さて、この**応用力**を伸ばすためには、第2ステップ同様、何度も実践経験を重ねるしかありません。最初は失敗が続くことが多いでしょう。しかし、経験を重ねることで、徐々に成功率が高まっていきます。知識を組み合わせる四則演算能力が強化されてきたとも言えます。**地道な努力の結果、応用力のある優秀な営業社員になれる**のです。

とても長い道のりです。少なくとも1万時間以上の練習が必要です。しかし、練習の積み重ねはあなたを裏切りません。**成長とは、地道に商談現場で努力し続ける人に与えられるご褒美《ほうび》**だと考えてください。

致命的なマネジメントミス1

「商談現場が営業社員を育てる」という幻想

営業コンサルティング事業を始めてから、いろいろな会社の営業部を**診てきました**。驚かされたことはたくさんあります。特に驚いたことの一つは、同行・同席商談を行っている営業マネジャーが少ないことです。私が知る限り、1日平均にすると10分以下です。1件あたりの商談時間の平均が60分だとすると、週に1回程度しか同行・同席商談をしていない計算になります。部下が４人いるとすると、部下にすれば月1回程度しか、同行・同席商談をしてもらっていないことになります。

これでは部下は育ちません。これが、営業コンサルタントとしての結論です。なぜ、こんな簡単なことがわからないのでしょうか？　そこには、ほとんどの営業関係者が信じてしまっている致命的なマネジメントミスと言える、恐ろしい幻想が二つあるからです。

一つ目の結論を先に言います。「商談現場が営業社員を育てる」という考えは幻想です。それが真実であれば、どの会社のどの営業部も、人材育成で悩むことはないはずです。商談時間の差はあれ、営業社員はみな日々、商談をしているからです。しかし、営業社員がなかなか育たないことで、どの会社の営業関係者も頭を悩ませているのが現実です。つまり、ただ商談現場に行っているだけでは、営業社員は思うように育たないのです。

Ｐの章の**重要三大計画**のところで詳述しましたが、商談フライト時間も、２４０分以上の商談をただ繰り返すだけでは、ベストの効果を得ることはできません。1対1CATはもちろんのこと、同行・同席商談を組み合わせることでベストの効果を得ることができるのです。つまり、商談現場が営業社員を育てるようにするための仕掛けは、同行・同席商談にありということになります。

致命的なマネジメントミス2
「考える力は考えることで伸びる」という幻想

二つ目の幻想も、ほとんどの人が「えっ？」と思うはずです。

考える力は、営業活動において最も大切な応用能力と言えます。しかし、その**考える力**を磨くためには「部下自身に考えさせること」が必要だと、真面目に信じている人が実に多いのです。詳しくは本章の「考える力が伸びる成長メカニズム」で説明していますが、そもそも人は**考える葦**であり、いつも何かしら考えている生き物です。**考えることで伸びるのであれば、全員が考える力を持っていなければおかしい**のです。現実には、「考える力がある」人はごく少数です。このことが意味するのは、考える力を強化するためには、考えるだけではダメだということです。

以上、二つの幻想を頭に入れて、どうすれば営業能力を向上させられるか、その方法を考えていきましょう。

営業改革成功スキーム1

質より量から始めよ

何度も繰り返し書いていますが、質より量、つまり練習時間を先に克服することが、何をするにおいても重要です。ところが、どの会社においてもこの考えが浸透していません。浸透しているのは逆で、「量より質」です。営業改革の失敗のすべては、質の改革から始めることが原因です。コンサルタントとして言い続けることができる会社は、この最も重要な考え方が浸透するのですが、問題は、読者のみなさんの会社です。本書はあの手この手で「質より量から始めよ」と言い続けていますが、どうか何度も読み込みそれぞれの会社における伝道師になっていただければと切に願います。そして、ほとんどの会社が質というボタンから掛けては失敗しているという事実を、直視していただきたいと思います。次の七つの施策は、営業改革に失敗した会社が実際に、最初に着手したことです。これも参考にしてください。

- きっちりとデータ分析ができる営業ツールを導入する
- マネジメント方法を強化する、もしくは一部のマネジャーを代える
- 頻度高く営業レクチャーを開催し、営業社員の知識レベルを向上させる
- インセンティブ制度を強化し、頑張った営業社員に報いるようにする

- 組織編成を大幅に変え、さらに機動性を持たせる
- 人事評価制度を変えて、頑張った社員が高く評価されるようにする
- 営業社員に改革案を出させて、改革意識を強化する

やろうとしていることは、どれも間違っていません。それどころか、営業改革の流れの中で取り入れる施策ばかりです。しかし、この中のどれからスタートしても、ほぼ営業改革は失敗します。それは、なぜか？

すべて、質の改革だからです。

私がこれまで実践し、成功してきた営業改革ステップは、次のとおりです。

- 第1ステップ……量の改革
- 第2ステップ……質の改革（第1次／営業手法面・人材面）
- 第3ステップ……質の改革（第2次／組織面）

質の改革を否定しているわけではないと、わかっていただけると思います。私も、営業改革の仕上げとして、質の改革を重要視しています。肝心なのは順番です。

質の改革から始めると、なぜ失敗しやすいのか？

我流が続くからです。

我流が営業改革の邪魔をする本家本元なのです。業績が悪い営業部に必ず共通していることがあります。それは、営業のやり方、マネジメントのやり方、営業の考え方、すべてが不揃いだということです。驚くほど不揃いです。

このような状態では、そもそも業績が悪い原因を特定することができません。仮にわかったとして、その原因を排除し、新しいやり方で再出発しようと一斉号令をかけても、はたしてみんなが同じ方向に進むでしょうか？「はい、わかりました」と返事ぐらいはするかもしれませんが、自分の考え方、やり方（我流）から抜け出すことは、まず期待できません。

改革を推し進めるためには、一度、全員が我流を捨て、社流（会社が決めたやり方）に基づく**癖**をつける必要があるのです。第2ステップ以降で質の改革に入ったとき、改革の指針どおりに全員が動けなければ、結局は失敗するからです。その**癖**をつける前に質の改革に着手しても、何をどう努力しようと、我流から脱却できるはずもありません。

たとえば、会社の営業方針として、「今後は、従来の直接対面商談とＺｏｏｍ等の遠隔対面商談を併用する。各々の長短を熟知したうえで、訪問可能な場合であっても、遠隔対面商談のメリットが大きいと考えられるときは遠隔で行うこと」という商談改革を行ったとします。

我流を捨てる癖がついている営業部は、社流どおりに足並み揃えて動けますが、癖がついていない営業部は、「会社が何を言おうが、商談は直接会うことが大切だから、私は会えるときは会うよ。訪問の理由づけは適当に考えればいいんだよ」とか、「これからはITの時代だから、訪問のほうがメリットが大きくても、原則すべてZoomにするよ」などと、個人の考えで動き方を決めてしまいます。そして1、2か月は何となく会社の方針に従っている人がいても、いつの間にか我流商談が大勢を占め、「結局何も変わらない」ということになるのです。

営業改革成功スキーム2

我流より社流

なぜ、量の改革から始めると成功するのか？　その答えは次のとおりです。

- 量はすべて数値で可視化できるので、社流どおりに動いたかどうかを判別しやすい
- 量に対する我流意見は出にくい（活動量が少ないほうが成績は上がりやすいという考え方は、どのような組織でも少数派）
- 量が増えれば、「数打ちゃ当たる」的に業績も上がりやすくなるので、結果的に社流に従う環境をつくりやすい

- 量というわかりやすい指標に我を出さず全員が一丸となって同じことをする成功体験に慣らすことで、「組織の意向（社流）はまずやる」という意識が浸透しやすい
- 以上の結果、きっちり練習量を増やした社流遂行集団が、能力強化プログラムにわがままを言うことなく一丸となって取り組むことができるようになるので、質の改革が進みやすくなる

Pの章で具体的に述べたとおり、重要三大計画が量の改革の中心です。

- 商談フライト時間……1日平均240分以上
- 1対1CAT時間……1日平均120〜180分以上
- 同行・同席商談時間……1日平均180〜120分以上

（計300分以上）

改革という名にふさわしい目標数値のラインアップですが、簡単にできることではありません。最初は不平不満が噴出します。営業マネジャーの仕事も、部下の不満を何度も聞かされることから始まります。量の改革もけっして順調に進むわけではありません。しかし、120分平均の商談量よりも、240分平均のほうが業績は良くなるという感覚を、誰もが持つようになるのも確かです。あとは、やるかやらないかだけです。

最悪なのは、「これをやれば間違いなく業績が上がる」とわかっていることすら、号令を掛けられない会社です。社員のできない理由に耳を傾けて、それを優先してしまうような会社は、何をやってもダメです。

なお、**量の改革の真の目的**は、目の前の業績アップではありません。社流どおりに実行する**癖**をつけることです。量の改革に成功した営業部は、質の改革に入ってからも社流どおりに動ける確率が高くなります。量ほど絶対ではありませんが、社流意識の大切さが着実に根付いていくからです。

営業の新ＰＤＣＡの遂行に成功すれば、営業改革成功への切符を手に入れたも同然です。Ｐで策定したとおりに全員がＤをまっとうするプロセスが、第１ステップの**量の改革**そのものだからです。

コラムE

クロージングの鍵を握るラストクロスロード

「ラストクロスロード」は、聞き慣れない言葉だと思います。直訳すると「最後の岐路」です。最後の岐路という言葉では文章の中で埋もれやすいので、ラストクロスロードと表現します。ラストクロスロードの意味としては、商談相手が発注意思を最終的に確定させる重大な要因と考えてください。

話術が巧みで知識も豊富、お客様の受けも上々という営業社員でも、クロージング率が悪いということはよくあります。何かが足りないのですが、その**何か**がわかりません。この弱さを確実に克服する手段としては、本書で力説してきた営業マネジャー主導の同行・同席商談が最適です。その**何か**を、本人が身体で会得することにつながるからです。

まだ十分に解明されてはいませんが、優秀な営業社員でもクロージングに失敗する要因の一つと考えられるのが、このラストクロスロードです。商談相手の発注意思は、絶対的なニーズがあるか、大きな障害になっていたネックが解消されることに関連するラストクロスロードに左右されます。ところが、クロージングに弱い営業社員は、発注の意思決定にそれほど影響を与えない単なるクロスロード（ちょっとした判断岐路）のやり取りにすべてを賭けてしまいます。

一例を挙げましょう。自動車販売の営業社員が、個人に新車を売り込んでいる様子を想像してください。来店したお客様に車をじっくり見てもらい、試乗もしてもらいました。いよいよデスクで商談、という段階です。営業社員は、あわよくば今日中に受注できるかも、と意気込んでいました。会話が進み、営業社員がそろそろクロージングだとばかりに、「いまなら新車セール期間中で特典もありますので、ご購入されてはいかがでしょうか？」と持ち掛けました。するとお客様は、「今年は昇給ゼロだったので、ローンを組む余裕がないんですよ。だから、いま乗っている車を、あと1年は乗り続けようかと思っています」と答えました。それに対して営業社員は、新車セールの値引き、中古買取りの上乗せなどを型通りに案内して、「もしお気持ちが変わったら、名刺にある私のメールアドレスにご連絡ください」と商談を終了させせました。

さて、この営業社員のどこが弱いのか、検証してみましょう。この営業社員は、「昇給ゼロ」がラストクロスロードだと判断したことになります。もちろん、本当にその判断で正解の場合もあります。しかし、クロージングに強い営業社員なら、「昇給ゼロが本当のラストクロスロードであれば、来店するはずがない」と推測し、昇給ゼロのネックは単なるクロスロードの一つと考えます。本当のラストクロスロードは別にあるはずだ、と。

それゆえ、その後のやり取りで本当のラストクロスロード探しを試みます。そして、何割かの確率でラストクロスロードが見つかります。あとは、そのラストクロスロードのネックを解消できるかどうかにかかっています。

これはわかりやすい事例ですが、現実には、ラストクロスロード探しでは微妙な駆け引きが必要になり、高度な能力を必要とします。その能力の差がクロージング能力の差だと考えてください。ケーススタディを数多く学習することが堅実で確かな能力強化方法ですが、リアルな商談現場では同じシーンは二度と起こりません。空気を敏感に読む力も身につける必要があります。それに適しているのが、営業マネジャー主導の同行・同席商談なのです。

ラストクロスロード探しが商談の醍醐味だと感じてください。

骨太営業部の作り方1

営業社員の評価方法

ここからは、Cの章で提示した、七つの「強い営業部の骨格」について解説していきます。それぞれの骨格で1冊の本が書けるぐらい、一つひとつが重要な概念ですが、ここではこれら重要な七つの骨格について、真剣に取り組む必要性が伝わることを目的に概略を書いていきます。

まずは、営業社員の評価方法です。

営業社員の評価方法は、ほとんどの会社で間違っています。ミスパターンは二つに大別されます。

一つは、営業能力の価値を低く評価するパターンです。人事評価の多くは、「業績考課」「能力考課」「情意考課」の3カテゴリーに分けて評価し、それぞれの合計点で総合評価点を決めます。本書は人事評価の本ではないので詳述はしませんが、ここで間違ってはいけないのは、これら三本柱の点数配分です。コンサルタントとして多くの営業部を診てきましたが、危険な点数配分になっている会社が大半です。

結論を言いますと、営業部の場合は、「業績考課」の配分を75％未満にすると危険信号が点滅します（本当は総務部、人事部、企画部等の部門でも同様だと考えていますが、専門分野ではないので断定できません）。その理由は、「能力考課」や「情意考課」に25％以上の配分を与えると（50％以上の配分もよく見かけます）、営業能力の評価というよりも、世渡り能力の評価の色合いが濃く出てしまうからです。「能力考課」や「情意考課」では、可視化できない抽象的な判断項目が多く、上司に気に入られやすい人、何となくイメージが良い人が高得点を取る仕組みになっています。チームワークが多い他部門では、評価ミスが致命的にならないこともありますが、営業はダメです。〝業績〟という、ほぼ可視化できる活動が中心の仕事なのですから、わざわざ「能力考課」「情意考課」の抽象的な評価を必要としません。極論を言えば、「業績考課」１００％でもよいぐらいですが、ここは日本人的な情緒面での配慮を大切にする人が多いことを考慮して、75％以上に設定するのがベストだと判断しています（実際に、うまく運用されます）。

ところが、肝心の「業績考課」そのものが間違っている営業部が大半だ、ということも判明しています。それがもう一つのミスパターンです。

それは、売上、営業利益、目標達成率等、どれを基準にしても、自力業績と社力業績に分けていないことです。Cの章、およびコラムで詳しく書いたとおり、社力業績で営業能力を高く評価してはいけません。自らの能力で開拓から契約に至る自力業績を、営業社員評価基準の中心に据えることが肝要です。営業環境を熟慮しなければ正確なことは言えませんが、原則として、自力業績評価比率を75％以上にすることをお薦めします。既存取引先からのリピート受注がほとんどで、自力に該当するような受注がないという会社（ブランドを保有する企業に多い）でも、自力業績評価比率の50％以上は必ず確保してください。この評価体系が営業社員へのメッセージになり、より良い評価を得たい意欲を持つ人は、新規開拓にも果敢にチャレンジするようになります。長い目で見ると、会社の成長に欠かせない人材を評価することになるのです。

また、正しい評価方法が正しい営業マネジャーを選ぶことにつながり、強い営業組織の継続にも資することを忘れないでください。

骨太営業部の作り方2

営業マネジャーの昇格方法

多くの会社では、営業成績優秀者の上位者から自動的に昇格させるか、上司がお気に入りの社員を引き上げる「ひいき」昇格（本人たちはそうは思っていませんが）のどちらかの方法が一般的です。いずれの方法をとるにせよ、営業部弱体化の原因になることは言うまでもありません。

コンサルティング事業を通して数多くの営業部を診てきましたが、営業マネジャーのあり方が業績を左右することを真剣に考えている会社は、ほとんどありません。営業マネジャーの選び方をどうすれば良いかわからない会社が多い、と言ったほうが、ニュアンスとしては正しいかもしれません。

次に営業マネジャー昇格の条件を考える際のポイントを列挙しますので、活用してください。

- 人への関心が薄い人は、成績上位者であってもマネジャーにしない
- 営業マネジャーはコーチ役も兼ねるので、営業未経験者や自力営業成績が半分以下だった人はマネジャーにしない
- 営業関連知識テストの成績が一定レベル以上である
- 営業マネジャー昇格テストを実施する
- 新聞や関連雑誌を読む習慣がない人はマネジャーにしない
- 営業マネジャー候補を昇格予定数の1・5倍以上ラインアップしたうえで、半年以上の査定期間を設けて選別する
- 社流より我流を重要視する人をマネジャーにしない
- データ分析やエビデンスに関心を示さず、勘に頼る人をマネジャーにしない

骨太営業部の作り方3

プレイングマネジャー制度の是非

プレイングマネジャー制度はよくありません。はっきり言って悪弊です。「人手不足だ

から仕方がない」で済まされることではありません。もちろん、「いますぐに専任マネジャー制度に移行してください」とは言いません。それなりに準備が必要だからです。

営業コンサルティング事業で営業改革を本格的に行う場合でも、量の改革（第1ステップ）、第一次質の改革（第2ステップ）が終了した後、第二次質の改革（第3ステップ）のステージで、ようやくプレイングマネジャー制度を専任マネジャー制度に移行させます。その理由は、重要三大計画の量、質ともに実行できて初めて、スムーズな移行が可能になるからです。

重要三大計画の量、質ともに実行するということは、営業社員が日々十分な数の商談をこなし、営業マネジャーが日々十分にマネジメントしていることを意味します。この担保がない限り、プレイングマネジャー制度から専任マネジャー制度に移行しても、失敗するだけです。

実感値として、営業部の7割以上はプレイングマネジャー制度を採用しています。これほど普及したのは、優秀営業社員を専任マネジャーにしたら、そのぶん業績が下がってしまうと考える会社が多いからです。プレイングマネジャーにしておけば、本人は自分の成績を追いながらチームのマネジメントも行うので、一挙両得になるという算段です。しかし現実は、「二兎を追う者は一兎をも得ず」です。結果的に、マネジャー不在の営業チームを作るだけです。マネジャー不在ということは、本人任せの無責任体制になるだけで、よほど克己能力の強い営業社員が揃っていなければ組織は機能しません。

コンサルティング分析によると、プレイングマネジャー制の営業部では1対1CATが10分未満、同行・同席商談も10分未満というのが現実です（実質ゼロというところが大半）。部下の面倒を見ることなど、物理的に無理だということがよくわかります。いわば、コーチ不在のチームです。そのような環境でも業績が上がるのであれば、営業部にマネジメント上の悩みが出るはずもありません。

それでは、稼ぎ頭を専任マネジャーにしたら、そのぶん業績は下がるのでしょうか？

答えは逆です。業績は上がりやすくなります。ただし、「重要三大計画量をきちんと守り、新PDCAをうまく回す」という条件付きです。専任マネジャーになったらオフィスにどんと構えて指示を出すだけ、というのでは成績が下がっても仕方ありません。

業績が上がるからくりは簡単です。営業プレイヤーとして能力の高い人は、自分のお客様に対応するだけではなく、ほかのプレイヤーのお客様にも対応できるからです。能力の高い人がマネジャーになってからも毎日、計300分以上、部下の商談に同行・同席し、1対1CATをするようになれば、成績が上がるのも当然です。

余談ですが、業績が普通の人をプレイングマネジャーにするのは、最悪です。自分の業績達成もアップアップで、しかもコーチ不在。この営業チームの実態は、機能不全状態と言ってもいいでしょう。

図7

プレイングマネジャーと専任マネジャーの営業目標の違い

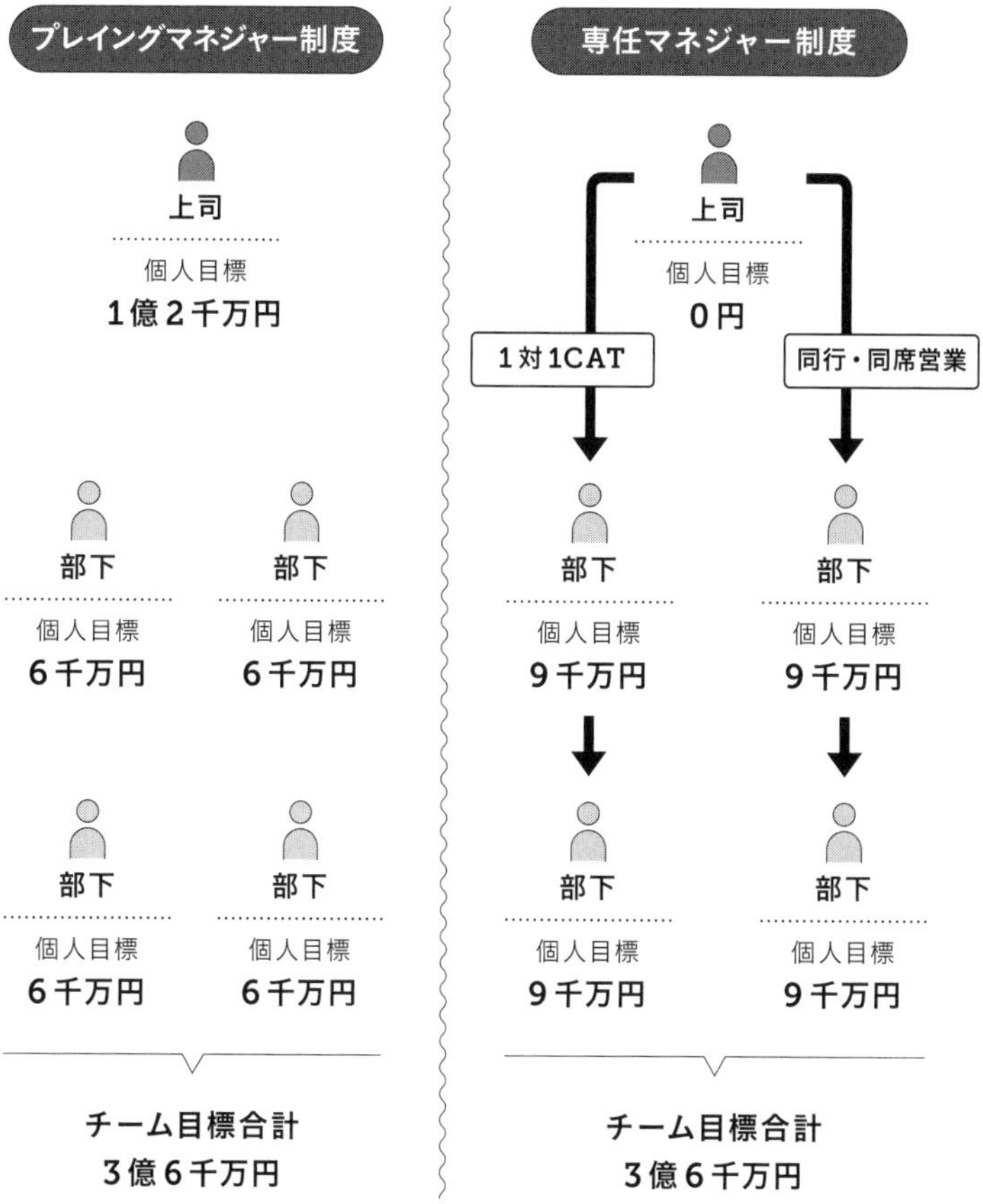

目標の持ち方は、図7のように設定します。プレイングマネジャー制度のほうが部下の目標が少ないので、達成しやすいように思うかもしれませんが、結果は逆です。部下の目標が増えても、専任マネジャーがしっかりフォローするほうが、目標は達成しやすくなるのです。

必要なことは、用意周到な準備（営業改革成功のための重要三大計画と新ＰＤＣＡ）と会社の決断だけです。

骨太営業部の作り方4

組織全体のマネジメント・グリップ力

いろいろな会社でコンサルティングをしていると、会社によってマネジメント・グリップ力がかなり違うものだな、ということに気づきます。社長のキャラクター、組織文化、指示命令の伝達方式および徹底度、人材育成体制、営業マネジャー等々、いろいろな要素が複雑に絡み合います。

元来、人は他人から言われたことに従うのは、不満に感じるものです。自分の考えがそれほど悪いと思わなければ（結果さえ出せば）、自分の思いどおりにやりたいという気持ちが上回り、ついつい我流で行動してしまうのはよくあることです。

しかし、全員が我流で動いてしまうと、二つの点で、組織が悪い方向に流れていきやすくなります。

一つは、平均値が低くなりやすいことです。素晴らしい我流も中にはありますが、大半はダメな我流です。ほとんどの会社が人材育成で苦労するのは、まさしくこのダメな我流ゆえです。ダメな我流がはびこれば、平均値が下がるも当然です。そもそも、優れた我流ばかりなら人材育成の必要がありません。

もう一つは、組織は役割分担で成り立っているということです。各々の仕事は見えない部分でつながり、組織力を維持するために同じノウハウを継承していく必要があります。全員が同じノウハウ（社流）で、対応することで人が変わってもレベルが安定し、検証・改善によるノウハウのレベルアップも計算できるようになるのです。

そのための効果的な施策として重視したいのは、率先して社流で仕事をし、結果を出す社員をきっちりと評価することです。また、**社流という言葉**を折に触れて多用し、社員の共通言語にして社流精神を浸透させることです。

骨太営業部の作り方5 ナレッジマネジメントのあり方

確かな社流を作るためには、確かなノウハウを社員全員が共有できる体制を作る必要があります。そのためにも、ナレッジマネジメントの取り組みは重要です。日本語に訳せば**知**

恵管理となりますが、ここで学び取らなければならないことはその手法です。

　会社という組織には、年々事業を重ねるたびに、数多くのノウハウが溜まっていきます。そして、社員がそれらのノウハウを使って仕事をすれば、新たなノウハウが追加され、上書きされて進化していきます。

　たとえば、いままで10分かかった作業も、「こうすれば3分でできるよ」というノウハウを誰かに教えてもらえば、3分の作業になります。全員が3分でできるやり方を身につければ、そのうち誰かが1分でできるノウハウを見つけます。その1分のノウハウを全員で共有すれば、全員が1分でできるように進化します。これが、ナレッジマネジメントの効果です。

　このように書くと簡単なことのように思えますが、ナレッジマネジメントがうまくできている組織はそう多くはありません。知恵やノウハウという、目に見えないものを管理しなくてはならないからです。ポイントは、**暗黙知の形式知化と共有化**です。

　暗黙知とは、人の頭の中にある知恵のことです。人の頭を覗《のぞ》くことはできないので、誰もがわかるような状態（形式知）にする必要があります。そのためには、知恵を文字や図、データなどで表現する必要があります。表現されたものが**形式知**です。この作業を繰り返すことで、組織内のノウハウが集まります。しかし、ただ集まるだけでは共有されません。わかりやすく整理し、営業マネジャーが継続的にコーチすることで、ようやく共有できるようになります。

部下のほうから「これが新しいノウハウです」と提示することはまずないので、現場のノウハウを集めるためには熱心な1対1CATが必要になります。日々、営業社員の活動報告に耳を傾け、新しいノウハウを見つけるのは営業マネジャーの役割です。また、1対1CATによって、新しいノウハウをそれぞれの営業社員に教え、アドバイス、トレーニングするのも営業マネジャーの役割です。そして、教えたノウハウどおり（社流どおり）に営業しているかどうかをチェックするのも営業マネジャーです。

ナレッジマネジメントの成否は、営業マネジャーが鍵を握ります。ナレッジマネジメントを充実させることは、組織の安定と発展につながる大切な仕事です。

骨太営業部の作り方6

営業バイブルの有効活用

マニュアルという言葉にマイナスのイメージを持つ人が多いのではないでしょうか。たとえば、「マニュアルどおり」という言葉から連想するのは、「自分の個性を一切出さず、言われたとおりにやる」という働き方です。ところが、バイブルという言葉に同じようなニュアンスを感じる人は、ほとんどいないでしょう。

なぜこのような話から始めたかというと、営業部の9割以上が営業マニュアルを用意していないのは、そのような言葉の力によるものだと思うからです。実際に、「営業マニュアルはありますか？」と尋ねると、「営業マニュアルがあると、営業社員がマニュアルに頼ってしまい、商談現場で臨機応変な対応ができなくなるので、必要性を感じたことがありません」という答えが多いものです。

実は、これが大間違いなのです。

営業マニュアルは絶対に必要です。先ほど書いたとおり、ナレッジマネジメントの重要な実施内容に〝形式知の共有〟というものがあります。**形式知の共有は、営業マニュアルがなければできません。**

私は、ここで営業部の大間違いに合点がいきます。コンサルタントとして多くの営業部を診てきて気づいた共通項は、「営業部のマネジメントは、営業社員個々の主体性に任せることを〝良し〟としており、その結果、それぞれの営業社員の頭の中に暗黙知として蓄積されているノウハウや知恵から学ぼうとする人が少なく、引き継ぐものはあまりないと考えている」ということです。

これほどもったいないことはありません。しかし、営業マニュアルという言葉への拒否反応も強くあります。そこで考えたのが、〝営業バイブル〟と称し、呼び方を変えるだけでなく、コンテンツもそれこそＢＩＢＬＥのように文章形式で物語を紡《つむ》ぐかのように、ソフトに書く工夫をすることです。たとえば、次のような感じです。

「……今日契約には至らなかったが、まだチャンスがある商談であれば、商談が終わる前にｉＰａｄや手帳を広げてください。そして、『次のアポは、来週月曜日の10時でいかがでしょうか』と尋ねてください。お客様の心理として、目の前で次のアポを要請されたら断りにくいものです。実際に、会社に戻ってからアポ取りの電話をするとアポ取得確率は下がります。次アポを入れることには、二つのメリットがあります。一つめは……」

ナレッジマネジメントで文字として残したノウハウや知恵を、営業バイブルとして脈々と継承して活用する効果は絶大です。営業バイブルは文章形式になっているので、何度も読み返すことで自然に頭の中に入り、商談現場で活かされることが多くなります。また、ノウハウや知恵を多く覚えることになるので、結局はアドリブ能力も向上します。

最近は営業バイブルを作成するクライアントも多くなり、その活用効果も日増しに実感しています。みなさんの会社でも、ぜひ営業バイブルを作成してみてください。

骨太営業部の作り方7　働き方バランスの可視化

営業活動の可視化は、ＰＤＣＡを運用する観点からも重要なポイントになります。しかし、「何を、どのように可視化すればよいか？」ということを、明確に解説している本がほとんどありません。残念ながら、可視化しようにもできない状況だったのです。

私の知る限り、ＳＦＡ等の営業管理システムも、肝心要《かなめ》の部分が可視化できるように標準化されていないので、可視化するためにカスタマイズすると余計なコストがかかります。「それは大事なことだから」と予算を組む余裕のある会社は、きっちりとカスタマイズして取り組んでください。

困るのは、予算がない会社です。本書を読んで、「よし可視化するぞ！」と意気込んでも、可視化するための営業ツールがないのでは、どうしようもありません。そこで、私が独自に開発した「働き方バランス分析ツール」（コンサルティング分析で必ず使うツール）の超簡易版を用意しました（図8参照）。エクセルの初歩的な関数知識があれば、誰でも作ることができるシンプルなツールです。超簡易版ですが、本書で記述した営業オペレーションの基本部分はカバーできます。

レイアウト、活動項目、すべてを完全模倣してください（営業部独自の項目追加も可能）。必要関数も右下の参考関数のとおりに入力すればＯＫです。関数以外の仕掛けとして、C14から33のセルは、「データの入力規制」機能を利用し、C36から45の活動項目をコンボボックスで選択できるように事前設定しておきます。入力する箇所は、終了時刻（F14から33）のみです（最初の開始時刻D14も入力が必要）。コンサルティングの経験から言って、

図8 **働き方バランス分析ツール**

https://www.diamond.co.jp/go/pb/pdca_mierukatool.xlsx

上記から
このエクセルファイル
の入手が可能です。

【働き方バランス分析ツール】

氏名／ 台矢主税
所属／ 東京支店 営業3課

	活動分類	活動時間 計		比率
A	商談時間	240	分	40.0%
B	1対1CAT時間	30	分	5.0%
C	デスクワーク時間	100	分	16.7%
D	移動時間	180	分	30.0%
E	その他時間	50	分	8.3%
	勤務時間 計	600	分	100.0%

日付	
2021	年
10	月
8	日

	活動内容	開始時刻		終了時刻	所要時間	分数換算	メモ
1	朝礼	08:30	～	08:40	00:10	10	
2	デスクワーク	08:40	～	09:00	00:20	20	
3	商談(リモート)	09:00	～	10:00	01:00	60	DEF社 次アポ(訪問)10/15 一進一退
4	移動	10:00	～	10:30	00:30	30	
5	商談(訪問)	10:30	～	11:20	00:50	50	GHI社 次アポなし 保留
6	食事・休憩	11:20	～	12:00	00:40	40	
7	移動	12:00	～	13:00	01:00	60	
8	商談(訪問)	13:00	～	14:00	01:00	60	JKL社 次アポ10/18(先方上司同席)
9	移動	14:00	～	14:30	00:30	30	
10	商談(訪問)	14:30	～	15:40	01:10	70	MNO社 10/21社内稟議 確率8割
11	移動	15:40	～	16:40	01:00	60	
12	1対1CAT	16:40	～	17:10	00:30	30	
13	デスクワーク	17:10	～	18:30	01:20	80	
14			～				
15			～				
16			～				
17			～				
18			～				
19			～				
20			～				

活動項目	所要計	
商談(訪問)	180	分
商談(リモート)	60	分
商談(電話)		分
商談(その他)		分
1対1CAT	30	分
営業会議		分
朝礼	10	分
デスクワーク	100	分
移動	180	分
食事・休憩	40	分
上記以外		分

<参考関数>

D6＝「=IF(SUM(D36:D39)=0,"",SUM(D36:D39))」

D7＝「=IF(SUM(D40)=0,"",SUM(D40))」

D8＝「=IF(SUM(D43)=0,"",SUM(D43))」

D9＝「=IF(SUM(D44)=0,"",SUM(D44))」

D10＝「=IF(SUM(D41:D42,D45:D46)=0,"",SUM(D41:D42,D45:D46))」

F6＝「=IF(D6="","",D6/D$11)」(F7～11はF6をコピー)

D11＝「=IF(SUM(D6:D10)=0,"",SUM(D6:D10))」

G14＝「=IF(F14="","",F14-D14)」(G15～33はG14をコピー)

H14＝「=IF(G14="","",HOUR(G14)*60+MINUTE(G14))」(H15～33はH14をコピー)

D15＝「=IF(C15="","",F14)」(D16～33はD15をコピー)

D36＝「=IF(COUNTIF(C$14:C$33,C36)=0,"",SUMIF(C$14:C$33,C36,H$14:H$33))」
(D37～46はD36をコピー)

開始時刻、終了時刻、所要時間の表示形式は、ユーザー定義「hh:mm」

C14～33のセルは、「データの入力規制」機能を利用

C36～45の活動項目を範囲指定し、コンボボックスで選択できるように設定

入力する箇所は、最初の開始時刻D14と終了時刻F14～33のみ

1分単位で正確に入力する必要はありません。10分単位で分析に支障はありません。
フォーマットを作成したら、「シート機能」を利用し、31シート、コピーしてください。日めくりカレンダーのように、1日1シートを使用します。図は、10月8日の活動をモデルにしているので、8のシートがクリックされている状態です。

以上の設定で、エクセル1ファイル、営業社員1人1か月分の超簡易営業ツールの完成です。全員分のファイルを誰もがアクセスできるサーバーに格納しておけば、マネジャーはいつでも部下の動きがわかり、部下も優秀な同僚の動きを参考にすることができます。ITをうまく駆使した**現代流**の共有化です。

なお、1対1CATは、この営業ツールを上司と部下が一緒に見ながら実施してください。1日の動きが時系列でわかるので、効率的な動きになっているかどうかなど、ひと目で評価できます。

新PDCAをうまく運用するためには欠かせないツールです。

語句説明

※本書の中で使っている単語で、その意味をあらためて明確にしておいたほうがいいものをピックアップしています。本書を読んでいて明確な意味合いを知りたいときの確認に利用してださい。

量＝時間、もしくは件数。

商談＝お客様と直接、訪問対面、来社（店）対面、リモート対面、電話により、お客様に対して営業する行為。メールやSNS等のやり取りは含まれない。

プレイヤー＝個人目標を持った営業社員。

マネジャー＝マネジメントを行うチーム（班、係、チーム、課、部、支店、支社等）の目標を持った営業管理者。文章の流れの中でプレイングマネジャーも含む場合が多い。

プレイングマネジャー＝個人目標を持ちながら、チーム目標にも責任を持つ営業管理者。

個人宅営業＝営業対象が個人の場合。

法人営業＝営業対象が会社・団体等の場合。

営業社員＝営業担当者という意味。正社員だけでなく、契約社員、パート、アルバイトも含む。

足の短い営業＝即断即決、もしくは二、三度の商談でクロージングできる営業のこと。

足の長い営業＝初商談からクロージングまで、平均して半年以上は必要な営業のこと。なかには2年、3年以上かかる営業もある。

次アポ＝商談中に次回の商談のアポ日時を確約すること。

アポ＝前日までに商談等の予約を入れておくこと。

コンサルティング経験＝営業コンサルティ

ング事業を通じたデータ分析、事象分析によって判明したこと。

自力売上げ＝自分の努力、工夫で案件化、受注に至って計上した売上げ。

社力売上げ＝既存取引先の追加発注、継続発注により計上した売上げ。

ビジネスマン＝働く人全般を意味する。

商材＝製品とサービスをまとめて表現した言葉。

診る＝コンサルタントは医者と同じという考え方から、見るではなく診るを文脈によっては適用。

営業バイブル＝営業のノウハウについて文章形式で書いてある参考書。

ピグマリオン効果＝米国の教育心理学者であるロバート・ローゼンタールが発表した理論。教師の期待によって生徒の成績が向上するとしている。

あとがき

失敗者の多くは、
あきらめたときに
どれだけ成功に近づいていたかに
気づかなかった人々である

これは、発明家であるトーマス・エジソンの言葉です。私は営業コンサルタントとして多くの営業部を診てきました。エジソンの言葉は、いつも私の胸に刺さります。取り組むすべての営業組織、かかわるすべての営業社員に対して、あまねく成功体験を届けることができないからです。

営業改革の大半は社長の号令で始まるので、最初は誰もが言われたとおりに取り組もうとします。それが数か月経つと、地道に取り組み続けているグループと、元の自分たちのやり方（我流）に戻ろうとしているグループに分かれます。

前者の人々には成功の二文字が待っています。

後者の人々には（本人たちは認めませんが）失敗の二文字が待っています。

「二十歳《はたち》を超えた大人の行動責任は自己にあり」のとおり、プライド高く、素直になれず、教えられることよりも（結果がいまひとつにもかかわらず）自分（たち）のやり方、考え方が正しいという固定観念から脱することができない組織や人の問題であることは、誰も否定できません。

しかし、コンサルタントとしては悔しい限りです。

一つでも多くの組織、一人でも多くの人に成功をお届けしたい。「もう少し教えられたとおりに我慢して取り組めば、成功が待っているのですよ」ということを伝えたい。

私だけでなく、そのような思いで指導している人は、多いのではないでしょうか？

行有不得者　皆反求諸己

これは孟子の言葉です。「おこないて得ざるものあらば、みな反《かえ》りてこれを己に求む」と読みます。私はこの言葉を「思ったような結果が出なかった場合、それを人のせいにするのではなく、自分のどこがいたらなかったのかと反省することこそ大切である」という意味に解釈し、これこそ真の勇気を教えた言葉だと、常に忘れないようにしています。

営業部が営業改革に成功しても、その成功についてくることができなかった人が一人でもいたら、「どうしたらその人に我流から脱する方法を教えることができたのだろうか」と反省し、一人でも多くの人に私の思いが伝わるように営業改革のノウハウを書き続けてきました。

本書は、私の長年にわたるコンサルテーション体験をすべて吐き出した集大成です。本書に書かれていることは机上の空論ではなく、実践現場から得たものです。「私（たち）のやり方、考え方とは違う」「これとそれは取り入れ、あれは取り入れなくてもいいか」という考えではなく、一度すべての取り組みを素直に実行してみてください。営業改革の成功はその先にあるはずです。

縁あって、本書をお読みいただいたことに感謝します。

藤本篤志

［著者］
藤本篤志（ふじもと・あつし）
1961年、大阪生まれ。大阪市立大学法学部卒業。（株）ＵＳＥＮ取締役、（株）スタッフサービス・ホールディングス取締役を歴任。2005年、営業及び人材育成コンサルティング会社である（株）グランド・デザインズを起業、代表取締役に就任。上場大手、外資系を含め数多くの営業改革を実施し現在に至る。また、長年のコンサルティング経験で蓄積されたノウハウをベースにした執筆活動も行う。著書にベストセラー『御社の営業がダメな理由』（新潮新書）、営業改革現場をレポートした『どん底営業部が常勝軍団になるまで』（新潮新書）、コロナ下で執筆した『テレワークでも売れる新しい営業様式』（技術評論社）等があり、本書が25冊目となる。http://eigyorevolution.com/

業績爆上げコンサルタントのノウハウを全公開
営業の新ＰＤＣＡ大全

2021年８月31日　第１刷発行

著　者——藤本篤志
発行所——ダイヤモンド社
〒150-8409　東京都渋谷区神宮前6-12-17
https://www.diamond.co.jp/
電話／03･5778･7233（編集）　03･5778･7240（販売）
装丁————山之口正和（OKIKATA）
本文レイアウト—岸和泉
ＤＴＰ———中西成嘉
製作進行——ダイヤモンド・グラフィック社
印刷————堀内印刷所（本文）・加藤文明社（カバー）
製本————ブックアート
編集担当——木山政行

ISBN 978-4-478-11422-3